アファンタジア

イメージのない世界で生きる

アラン・ケンドル 著
髙橋純一
行場次朗 共訳

北大路書房

APHANTASIA
Experiences, Perceptions, and Insights

by Alan Kendle

First published in 2017
by Dark River, an imprint of Bennion Kearny Limited.

Japanese translation rights arranged with
Bennion Kearny Ltd. through Japan UNI Agency, Inc.,Tokyo

日本語版刊行に寄せて

英語版のアランの本（*Aphantasia: Experiences, Perceptions, and Insights*）についての序文を書いたのは、２０１７年にイングランドの最南西部にあるエクセターからスコットランドの首都エディンバラまでの長い鉄道の旅のあいだであった。その旅について、視覚的な記憶が微かに残っている。その視覚的な印象は微かではあるが、あの日の記憶を構成する重要な要素のように感じられる。私は北に向かいながら、アランの本に大きな感銘を受けたことを覚えている。それまでの3年間、私はアファンタジアの現象について考えていたし、それまでに何千人もの人々が心の目を欠如していると聞いてきた。私が学んだことや考えていたことのほとんどは――その時点ではまだ出版されていなかったが――心理学者で出版人でもあるジェームス・ラムスデン＝クック[*1]（James Lumsden-Cook）の助けを借りてまとめられた彼自身の証言や他の人からの証言を通して、アランの著作のなかで見事に表現された。

本格的な「アファンタジア当事者」であるアランは、私の旅のような出来事を視覚的に（あるいは、感覚的にも）思い浮かべることができなかったが、私たちの多くは個人的な過去を回想するときにはそうやって思い浮かべる。アランは、私と同じように、自分やアファンタジアの大多数の人たちが、意識的なイメージなしでどのようにうまくやっているのか興味をもっていた。実際、それはものすごいことだ！　アランは創造的で想像力豊かな人であった。彼の生産力は、アファンタジア当事者のなかでは珍しくない。２０１９年、私たちはアファンタジアの人たちによるアート作品の展覧会を開催した。[*2] アファンタジアの芸術家の存在は、私たちの研究の過程において、興味深い驚きをもたらした。アファンタジアの芸術家が作品を制作するプロセスは特徴的であるが、彼らの作品は、実物を見ることに匹敵するほどイメージが鮮明である「ハイパーファンタジア」をもつ芸術家の作品と区別するのが難しい。

アランの本が英語で出版されて以来、視覚イメージ鮮明性の極端さ、特にアファンタジアに対する興味や研究は急速に高まっている。私たちの研究チーム[*3]の他にもシドニーやロンドンの同僚たちが、この興味深い「目に見えない差異」について研究をしている。シドニーのジョエル・ピアソン（Joel Pearson）は、イメージ鮮明性を測定する客観的なアプローチを用いて、アファンタジアのイメージ欠如を証明した。彼の研究チームは、さらに、アファンタジアの人は、描写されたものを「目にする」と問題なく反応できるにもかかわらず、感情を喚起する描写の記憶を呼び起こす場合には、私たちのほとんどが行うように感情的に反応することができないことを示した。ロンドンでは、ベインブリッジ（Bainbridge）と共同研究者たちが、アファンタジアは空間イメージというよりも物体イメージに対して影響を及ぼすという証拠を提示した。他にも関連のある多くの研究が、２０１８年に *Cortex* 誌において組まれた特集号（*The Eye's Mind – visual imagination, neuroscience and the humanities*）に掲載されている。

私たちが２０１９年の４月にエクセターで開催した「アファンタジアとハイパーファンタジアに関する第１回目の国際会議（the world's first conference for people with aphantasia and hyperphantasia）」で、初めてアランと直接会った。彼は陽気で堅実でありながらも、この問題に対する粘り強い関心をもっている姿が印象的であった。彼はアイディアと熱意であふれていた。２０２０年の春に、私たちはアファンタジアについての公開会談を行った。[*4] その直後に、アランが回復の見込みがない病に侵されていることを知り、本当に悲しい気持ちになった。彼は、その数週間後に亡くなった。彼は、自分の仕事が生き続けていることを知ったら喜んでくれるだろうし、彼は間違いなく、この本に対するあなた方の感想を聞きたがっているだろう。私が楽しんだように、みなさんにも楽しんでもらえれば幸いである。

アダム・ゼーマン博士（Dr. Adam Zeman）

注

＊1　ジェームス・ラムスデン＝クック：原著出版社ベニオンカーニー社の発行人。

＊2　www.gla.ac.uk/imagination

＊3　http://medicine.exeter.ac.uk/research/neuroscience/theeyesmind/

＊4　https://www.youtube.com/watch?v=1DNpMBkW8k8

まえがき

本書は「アファンタジア（Aphantasia）」についてのものである。「アファンタジア」とは、心の目でイメージを見ることができない状態を指すために使われている名称である。私がアファンタジアに気づいたのはつい最近のことであるが、それは、私の人生において潜在的に最も大きな影響を与えてきたものである。

現在は意識の時代であり、私たちには多くのこと――たとえば、私たちは誰なのかといったこと――を知りたいという願望がある。そのなかでアファンタジアの状態が長い間知られないままであり、潜在的に隠されたままであり、実際に認識されたり説明されたりしてこなかったのは異常なことのように感じられる。ＡＤＨＤ（注意欠如多動性障害）や失読症、自閉症などが一般社会において十分に知られるようになったのと同様に、どうして知られていないのだろうか？

本書は、私や他の人たちの人生がアファンタジアから受けた影響を探究し、そして共有しようとする試みである。

アファンタジアは、人によって受ける影響が異なるようであり、スペクトラム障害である。こうしたバリエーションがいかにして多様な結果を示し、もたらしうるのか、本書を通じてお伝えできれば幸いである。

多くの人たちはアファンタジアを抱えながら生きていても、それに気づいてはいない。なぜなら、アファンタジアは個人的なもので、アファンタジアの症候が彼らに警戒を促すほど重篤ではないからである。アファンタジアは個人的なもので、自分自身にしか体験できないので比較する方法がない。目を向け始めるための手がかりやきっかけを得て初めて、アファンタジアに関することを探すようになる。

私は、自身が学んできたことを共有し、自分と同じような人がアファンタジアについてより良く理解する手助けとなれればとの思いで本書を執筆している。

成長の過程で私がアファンタジアからどれほど影響を受けたか見直すために、過去を振り返ろう。両親が存命で、全てのことを彼らに説明できたらよかったと思う。それは、学校や学習、教育全般に苦戦し、ストレスを感じながら成長する私を見守っていた両親にとって、非常に大きな意味があるだろう。本書の言葉は、答えや考え、そしておそらくたくさんの疑問を与えてくれることだろう！　当時、私は、読み書きや、書き言葉・話し言葉の表現に悪戦苦闘していたので、学校の勉強が理解できず、他の子どものように学ぶことができなかった。しかし、本書に書かれていることは、私が子どもの頃には決して理解できなかったことを説明してくれるはずだ。

アファンタジアが存在することを発見し、私のようなアファンタジア傾向者たちに対して、その受けた影響の理由と経緯の理解を与えてくれた科学者や研究者、その他の方々に感謝を申し上げたい。言葉にするのは難しいが――単純に理解が深まったことで――私は自分自身をもっと助けることができるようになったこと、そのことが私にとって全てである。

私を助けてくれた周りの人たちについて、少し述べておかねばならない。

ヴァネッサ――あなたは私が抱える問題が何なのかを教えてくれるとともに、私を大いに助けてくれた☺

キャロン――私には自分が考えている以上にできることがあるということを最初に気づかせてくれた。

私の義理の子どもたち――私のことを理解できないときには話を聞いてくれてありがとう。

私の家族――私のことを変わり者といつも言っていた。

友人たち――ありがとう。今なら私のことを理解してくれるかもしれない。

アマンダ、サラ、そしてクリスティーン――☺ああ、どうにか止めようとはしていたけれど、私のまとまりのない話を聞いてくれてありがとう。

職場の人たち――最初は私をおかしいと思ったに違いないが、決してそうは言わなかった。その支えに感謝している。

Alan

本書について

アファンタジアを抱えるたくさんの人たちが、本書に対して非常に親切かつ寛大に貢献してくれた。副題（*Experiences, Perceptions, and Insights*）の通り、彼らはアファンタジアに関する自身の体験、知覚、洞察を提供してくれた。匿名希望の場合を除き、寄稿者たちの回答をイニシャルとともに掲載している。また、寄稿者たちは世界のあらゆる地域の出身であるが、世界中の読者に向けて本書全体の一貫性を保とうとの試みから、ときどき異なる綴りをオリジナル語の代わりに用いている。さらに、スペースや読みやすさの関係で、いくつかの回答を短縮・編集している。

本書はアファンタジア傾向者とアファンタジアでない人たちの両者に向けたものである。そのため、アファンタジアをほとんど知らない読者に対して説明を試みる一方、十分に知っている読者向けにはアファンタジアの要素を拡大して探究するということにまで足を踏み入れている。読者にとって、このミックスが成功に見えれば幸いである。

本書は、典型的なアファンタジア傾向者を特徴づけようとするものではない。アファンタジアはスペクトラムであり、アファンタジア傾向者は独自の類のない状態を経験しているため、特徴づけること自体が可能ですらないかもしれない。しかし、これまで行われた調査によっていくつかの共通するテーマが明らかとなった。したがって、本書は、アランの状態を理解するためのストーリー（Alan's journey：アランの旅）を中心にしながらも、より共通のテーマにあてはまる多くの視点（普通でないものも少し！）を紹介することを目的としたい。アファンタジア傾向者が、どちらかといえば典型的だと認めるような回答もあれば、あまりあてはまらないものもあるだろう。

この調査では、アファンタジアがいかに当事者たちの妨げにはならなかったかということを示している。本書に協力してくれた人たちは共通して、個人的な成功や仕事上の成功、学業での偉業、広範囲で想像力に富んだ創造的な試みなど、人生において多くのことをいかに成し遂げてきたかを報告している。本書で示すとおり、自分自身をアファンタジアで苦しんでいる者だと思ったり、アファンタジアを目標や達成の妨げと考えたりする人はほとんどいない。アファンタジアとは、単に他の人たちとは異なる方法で世界と向き合っている人たちなのである。

本書に貢献してくださったすべての方々に、大きな感謝を伝えたい。みなさんがいなければ、本書はこのような形で完成しなかっただろう。

序文

3年前、私はロンドンのカフェで、大学時代からの旧い友人と紅茶を飲んでいた。私はその友人に、生涯にわたって心の目が欠如している新奇な現象を記述するために、専門用語を造る依頼をしていた。友人のデイビッド（David）の古典的知識は、現代のブルームズベリーから古代アテネへと私たちを誘っていった。そこは、アリストテレスが心の目を「ファンタジア（phantasia）」と呼んだ場所である。心の目が欠如している状態であるから、私たちはそれを「アファンタジア」と命名することに決めた。'a-' は欠如を表している。短報（*Lives without imagery: congenital aphantasia: Cortex* 2015; 73: 378-380）がアファンタジアという専門用語について紹介しており、そこではイメージが視覚化できない21名のことが記述されている。それらは予期していなかった世間の大きな注目を引きつけた。ニューヨーク・タイムズのカール・ジマー（Carl Zimmer）、BBCのジェイムズ・ギャラガー（James Gallagher）、フェイスブック上では企業家のブレイク・ロス（Blake Ross）などである。それから2年で、1万1千人以上の人たちが私たちと連絡を取り合ってきて、3千人程度は私たちの詳細な質問紙に回答してくれた。私たちは、*The Eye's Mind Project* の援助のもとあふれ出るほど多くのデータ分析を行っている（http://medicine.exeter.ac.uk/research/neuroscience/theeyesmind/）。

「アファンタジア」という専門用語は、明らかにダージリン紅茶のカップから生まれたものだが、科学として本当に新しい現象なのだろうか。実際のところ、厳密には新奇の現象ではないが、奇妙にも見過ごされてきたものである。私たちの２０１５年の論文の共著であるミケラ・デュワー博士（Dr. Michaela Dewar）は、フランシス・ゴールトン卿（Sir Francis Galton）の先行研究について指摘してくれた。フランシス・ゴールトン卿は19世紀後半、視覚イメージ鮮明性を厳密に測定する最初の質問紙を考案した人物である。彼の「食卓質問紙」は、朝食時に座った食卓のイメージを回想して、その照度、鮮明度や彩度を評定するものである。この質問紙を用いて、フランシス・ゴールトン卿は、視覚イメージ鮮明性とはかなり変化しやすいものであることに気づいた。データのうち「視覚イメージ能力がない」と答えた人はごく一握りであった。視覚イメージは、20世紀を通して一般的には妥当な科学的注目を受けてきたものの、視覚イメージ能力が完全に欠如している人たちの存在については、奇妙にも知られていなかった。名誉ある例外がある。それは、アメリカの心理学者であるビル・フォー（Bill Faw）の調査であり、彼も生涯を通してイメージ能力が低かった。彼の調査では、２千５００人を調査対象として視覚イメージ鮮明性に関する質問紙を実施し、およそ２〜３パーセントの人が心の目を欠いていると見積もっている。この調査にもかかわらず、アファンタジアは視覚イメージ研究において盲点になっていた――これは、しゃくに障ることである！　私たちの接触者の多くは、心理学の気まぐれで見過ごされてしまったことを調べ直している研究者が1人でもいないか、ウェブを定期的に閲覧していたと述べている。つまり「アファンタジア」の出現は、さらなる対話と探究の扉を開けたのである。

その結果生まれた会話は――本書が実証する通り――いきいきとしていて、真実を明らかにするものであり、また説得力のあるものである。これは、ニュースを拡散し、迅速に情報を集められるインターネット無しでは起こりえなかったことである。科学者と参加者によって、これほど完全に「共同構築」された研究はめったにない。アファンタジア傾向者（彼らの精神生活は、アファンタジアによって著しく影響を受けている）、および人間の経験の多様性に注目しながらも典型的なイメージ能力をもつ人たちの強い関心とともに、アファンタジアに着手するための豊富で直接的な知識が既にあったことを知った。この関心に対する基本的な説明として、私が思うに、「表象の欠如」は基本的な人間の能力の一つのようなものであるということである。つまり、ロビン・ダンバー（Robin Dunbar）が既に述べているように、「私たちを差別化するものは、イメージ能力、心のなかの人生である」。アファンタジア傾向者は、たまに見事にイメージすることができるが、彼らはかなり異なった方法でそれを行い、その違いが私たちの興味をそそる。

もちろん、ニュース記事を介して興味をもった参加者からウェブ経由でデータを集めることにはリスクもある。理論がデータを「汚染してしまう」場合はいくらでもある。——たとえば——自身のアファンタジアが幼児期における記憶の想起を困難にするということを読んだら、私の記憶力の判断に影響を及ぼすかもしれない。また、自分の変わった構造的特徴を見つけると、他の特徴も同じ原因であると考えてしまうのは自然である。つまり、「私の心の目は見えない——だから私はフランス語を習得できないのだ！」のように。しかし、これらの潜在的な落とし穴があるからといって、本書で豊かに表現されているアファンタジア傾向者が教える魅力的な物語に耳を傾け、そこから学ぶことを妨げるべきでない。

最終的な分析は未完了であるが、アファンタジアと関連のあることと関連のないことは真実として捉えられそうである。2、3の例を示す。多くのアファンタジア傾向者——全てというわけではない——は、顔認知が平均よりも困難であり、顔を見つけること、たとえば、髪型や服装が変化するなかで1人の女優を見つける場合などに困難を示す。理由は不明であるが、その関連性は興味をそそる。全てではないが多くの場合、アファンタジア傾向者は、不鮮明ではあるものの、過去にも「たびたび存在した」ような事実に関する自伝的記憶を示す。また、本書のページに書かれているように、視覚イメージ能力をもつ友人に比べて、アファンタジア傾向者は自分自身をより「今を生きる存在」として感じ、熱望や嫌悪感などの感情を抱きにくいと述べている。一般的に、アファンタジアの長所と短所は、きれいにバランスが保たれている。私はこれを障害や医学的な「病態」というよりも、経験におけるバリエーションの一つと見なしている。

関連性のないこととは何だろう？　これらは、私たちの21名という少数のサンプルにおいて既に示したが、多くのアファンタジア傾向者は、夢見の際に視覚イメージを体験するし（通常の覚醒状態ではイメージを体験できない）、このことは睡眠と覚醒、あるいはイメージの自発性と非自発性の区別に関する重要性を示唆する。多くのアファンタジア傾向者は（僅かな違いではあるが）、他の感覚モダリティではイメージを体験する。特に多いのが聴覚である。アランも含めていくつかの事例で確かにそうであるが、心の目が見えないからといって、心の耳も不自由である必要はない。

アファンタジアは一つの状態のことなのだろうか、それとも複数の状態のことなのだろうか？　そして、それはどのようなものなのだろうか？　癖、徴候、それとも症候群なのか。これらの問いを解くにはより多くの調査が必要であるが、それが複雑なことであっても私にとっては全く驚くことではない。私たちは、視覚化には脳の広いネットワークが含まれていることを知っているし、さらに意思決定、注意、記憶、そして視覚など他の機能も含まれていることを知っている。このような複雑な機能が複数の方法で阻害されないとすれば、そのほうが驚くべきことである。

したがって、以下の３つをつなぐためには、いくつかの大変な仕事が必要となる。①本書に示される魅力的な一人称のケース、②様々なイメージ鮮明性の能力をもつ人たちにおいて、頑健性のある心理学的テストを用いた能力の測定、そして③脳構造と脳機能の対応する違いを調べるための脳の測定である。このような一般的な種類の研究は長年行われてきたが、イメージに関する両極端性の認知――アファンタジア、それと対照的なハイパーファンタジア――は、新しく刺激的な探究のための道筋を開いた。私たちの研究室あるいは他の研究室の仕事は、その道筋を通っているところである。

本書は、特に一般的なイメージやアファンタジアのイメージに興味をもっている人たちに対して、貴重な発見と洞察を与える。極端なイメージの重要性に関する頑健な結論を描く前に、まだ科学として取り組むことがあるかもしれないが、私たちがその間に楽しむことができる題材に詩がある。たとえば、本書の第２章から、広範囲にわたるイメージの欠如を記述したＪＫというアファンタジア傾向者の美しい言葉がある。

私は匂いを想起することができないが、私はそれらの言葉を思い出すことができる。私はライラックがつま先をうずかせる「柔らかい」匂いであることを知っている。それは、母と夏の山の日光を思い出させる。

また、第7章のMLは、イメージ欠如の状態でも出来事を覚えているようなことを俳句形式で正確に記述した。

それは物語　矢継ぎ早の再話　心の日記
It is a story. A quick-fire retelling. A mental diary.

アファンタジア傾向者からの最も深い教訓は、きっと人間の多様性に関することである。私たちはみな、自身の体験が普通であると見なす傾向にある。必然的に、それは比較のための基準を提供する。したがって、お互いの精神生活でかなり驚くべき違いを認めることができないのは簡単なことである。それらを明らかにすることはおもしろいし、説明的で、ときどき自由を与える。本書の最後に記述されている寄稿者のLからの引用は、とても良い。

私は今を生きています。過去を生きることはできません。将来を夢見ることもできません。私は、自分が一般的な人たちと異なっていると気づく以前でさえ、多くのとてもスピリチュアルな経験をしてきました。私は人と違うことを行ってきましたが、それでかまわないと思っています。

エクセター大学、認知・行動神経学　アダム・ゼーマン博士（Dr. Adam Zeman）

目次

日本語版刊行に寄せて　1
まえがき　5
本書について　9
序文　11
第1章　アファンタジアとは何か？……21
第2章　アファンタジアを他者に説明する……59
第3章　子どもの頃……81
第4章　想像力……105
第5章　視覚イメージ……125
第6章　睡眠と夢見……139
第7章　記憶……159
第8章　アファンタジアと共に生きる――仕事と家庭……187
第9章　アファンタジアのマイナス面……213
第10章　アファンタジアのプラス面……231
あとがき　245
解説　247
訳者あとがき　249

第1章　アファンタジアとは何か？

必要に応じてイメージを思い出す人間の心の能力は、多くの人たちにとってごく当然のことと思われている。一般的には、たとえば、崖の上、ロンドンのオレンジ・スクエア公園、トースターや他の共通した物体や景色を心に留めておくように言われたならば、多くの人たちはかなり簡単に行うことができるだろう。

対照的に、アファンタジア傾向者はこれらの物体や景色を心に留めておくことができない。意識的な努力による「心の目」で特定のイメージを形成する能力が欠如している。逆に、睡眠時のような潜在意識の状態では、視覚イメージがときどき現れることもある。

アファンタジアの究明のためにいくつかの臨床的な試験が考案されてきたが、本質的に、その人がアファンタジア傾向者かどうかは「あなたは心でイメージを視覚化できますか？」という質問にピンとくるかどうかでわかるものである。

アファンタジアはスペクトラムであり、関連のある徴候に沿って、異なる程度で影響を及ぼしている。これらの関連のある徴候は、領域と重症度の観点で変容する。一つのキーポイントは、アファンタジア傾向者の経験は個人間で著しく変容し得ることである。

視覚イメージの欠如がアファンタジアを定義づける特徴である一方で、音楽を再生できないこと、匂いや触感を再生できないことなど、他にも共通して報告されることもある。かなり多くのアファンタジア傾向者も、相貌失認と呼ばれる状態であることを信じている。相貌失認とは、人の顔を認識することが難しい状態である。いく人かのアファンタジア傾向者が共通して詳細に話してくれる別のこととして、絵や言葉に応じて「触感」を感じられないことがある。たとえば、もし靴のなかにクモがいてその靴を履いたという話をすれば、ぞくぞくする震えを感じるはずだろう。

歴史

アファンタジアの概念は１８８０年代の心理学者フランシス・ゴールトン（Francis Galton）卿にまで遡るように見えるが、どちらかといえば１００年以上も検討されていない状態のままであった。実際に、アファンタジアという専門用語は、イギリスのエクセター大学のゼーマン教授と共同研究者によって、２０１５年に作り出されたに過ぎない。ゼーマン教授と彼の研究チームは、アファンタジアの状態の調査とその理解を先導している。

１８８０年代、ゴールトンは『心的イメージの統計学（*Statistics of Metal Imagery*）』のなかで、現在ではアファンタジアとして知られる現象について、かなり十分に記述した。彼は、人々が異なる程度で物を視覚的にイメージしていて、それをどの程度まで説明しようとするかについて理解した。特に、ゴールトンは同僚に朝食のテーブルを描くように求めた。それを通して、とても鮮明に朝食のテーブルの様子を描く同僚がいた一方で（ゴールトン自身もほとんど描くことができた）、最小限の説明であったり、全く描けなかったりした同僚もいた。ちなみに、ゴールトンは（いとこの）チャールズ・ダーウィン（Charles Darwin）にも参加させたが、ダーウィンには、よく発達した視覚イメージの能力があった。つまり、ダーウィンはとても詳細に朝食のテーブルの様子を描くことができた。

ゴールトンはさらに調査を進め、「欠けている能力は、他の概念様式によって非常にうまく代替されているようだ……イメージを見る力が全くないと言っている人でも、自分が見たものについて生き生きと説明することができる」とまで断定している。

何がアファンタジアを引き起こすのか？

アファンタジアの原因については、未だ明らかになっていない。低侵襲性の外科手術後に生じた後天的なアファンタジアの症例（男性で、そのときは60歳代）は一事例あるが、多くのアファンタジア傾向者は生まれながらにしてその状態にある。

視覚イメージ形成についてのプロセスやメカニズムは、人間の脳機能も含めて十分に解明されていないため、アファンタジアが生じる主要な要因はわかっていない。哲学、心理学や神経科学に基づいた理論は存在するが、最も説得力のあるものは神経科学における証拠であり、――人間の脳はイメージを形成するために、前頭葉、頭頂葉、側頭葉、後頭葉を含んだ多くの脳の領域における神経細胞の発火と活動を通して、過去の経験や記憶を呼び起こす――という信頼性の高い説明がある。前頭葉と頭頂葉は視覚イメージの形成を助ける一方で、後頭葉は大脳皮質の一部であり、視覚処理を担っている。アファンタジア傾向者の視覚イメージ形成能力の欠如は、いずれかの関連するシステムでの機能的変化から生じているようである。

アファンタジア傾向者は意識的にイメージを形成することができないが、経験を記憶して記述するという、他とは異なった方法を理解している。同様に、夢を見る場合は意識的な視覚イメージ形成能力とは異なる。多くのアファンタジア傾向者は、眠っている間に、鮮明なイメージや場面、さらには習慣化された内容とともに夢を見ていると言う。それゆえ、アファンタジアは、自発的なイメージの欠如であると考えられる。しかしながら、いくつかの報告では、アファンタジア傾向者のなかには視覚的な夢を見ず、文字や物語、または筋書きでしか夢を思い出せないという人もいる。

とはいえ、アファンタジア傾向者は、物体、場所、および人を認識するために事実を利用するものの、視覚的な記憶はもっている。たとえば、教室にいる女子が静かで印象的な青い目をしていること、あるいは結婚式で出会ったいとこは濃い顔つきで肩までの長さの茶色の髪をしていることなどを覚えている。アファンタジア傾向者の世界は、イメージよりも記述に基づいている。

出現率

アファンタジアは、人口の２〜３パーセントに影響を及ぼしていると考えられている。この数字は推定値であり、アファンタジアの状態とその境界は、まだ見極められている最中に違いないだろう。

一般に、アファンタジア傾向者は自分自身がその状態であることを知らないかもしれないし、あるいは人生の後のほうになって気づくかもしれない。もし、生まれたときや幼少期からアファンタジアの状態をもつなら、他の人は視覚イメージを形成できるということに気づかないで、自分が視覚イメージを形成できないというのは、アファンタジア傾向者にとっては普通のことである。

影響力

概して、アファンタジア傾向者にとって生活における限界があるとしても、それは僅かなようである。また、個人の苦悩や不快感、認知機能の低下との関連性は記録されてこなかった。しかしながら、ある当事者は亡くなった愛する人の顔や視覚的な記憶を思い出せなかったり、過去の大切な経験を視覚イメージとして形成できなかったりすることに、悲しみを感じるという人もいる。多くのアファンタジア傾向者は、記憶を「弱い」と表現するが、事実を保持するためには大きな容量をもっている。

想像するとき、多くの人たちは視覚イメージ形成能力を使って、詳細で鮮明なイメージを心に生み出すが、アファンタジア傾向者は言語を用いる。結果として、高度に発達した言語スキルを用いて小説家になり、おもしろい文学作品を生み出すアファンタジア傾向者もいる。また、叙述的な小説（たとえば、田園地方や都市の景観を記述するような長い散文）はほとんど意味がなく、読むのに苦労すると言うアファンタジア傾向者もいる。アファンタジア傾向者は、著者が伝えようとしていることを把握するために、自分自身がテキストを何回も読み返していることに気づくかもしれない。

では、面倒な話はこれくらいにして、この最も興味深いアファンタジアの状態について、より詳細に探究していこう。

＊＊＊

アラン　私は55歳になるが、他の人たちが異なった方法で世界や心的経験と邂逅していることを最近まで知らずに生活してきた。率直に、私は、みんなが私と同じ方法で、心のなかで見たり聞いたりすると考えていた。別に、みんなと同じかどうかを考えることもなかった。

私の出会いから、話をしたり手紙を書いたりしたほとんどの人たちについて、アファンタジアの現れ方は異なっている。みんなはユニークな心の見方をもっているし、私はアファンタジアの現れ方について、みんなとどこかしら異なると思い始めている。

私自身は**困難者**[*1]なのだろうか？　私がそうであるかどうかは、私にはわからない。しかし、私は確かにアファンタジアから深い影響を受けている。困難者という言葉は否定的な意味を含んでいて、より良い言葉を教えてほしい。それは、アファンタジアの影響について適当ではない言葉であり、アファンタジアをもつことで、実際にどのように感じているのかを記述していない。私がこの理論（アファンタジアは**困難者**であるとする理論）に言及した際には、ほぼ全てのアファンタジア傾向者もまたこのような言い回しには同意していない。かなり強く同意していない人もいる。

私には、アファンタジアの状態と矛盾していると思われる点がある。一つには、私は鮮明なイメージをもっている！（心に描くことができた物事を決して見ることはできないけれど）。私は、亡くなった、あるいは存命の家族や友人を視覚的にイメージすることでさえできない。その代わりとして、私のイメージは、概念と考えでプレイするような様式を採用している。そして、物事がどのようにして一致するのかを理解する。一例を挙げると、「6次の隔たり（世界は狭いもので、全ての人や物事は6ステップ以内で繋がっているとする説）」のようなものが、今後のソーシャル・ネットワークにどのような強い影響を与えられるのかについて考えるとしよう。それらの考えは、自由空間に吊るされたパズルのように、私のなかで組み合わされていく。それらは、私の心のなかでは全く整理がされていない考えで、構造的な形としては生じない。

また、現時点で、イメージと視覚イメージ化だけが心の目から失った唯一のものではないと言うべきだろう。音楽について、私はリアルタイムで頭の外の現実世界から聞こえるもの以外に、歌、音、あるいは他の音声について心で聴くことができない。

友人たちが知り合いを視覚的にイメージできるだけでなく、話をしているかのように（彼ら自身の声で、そしていつも話している声で）聞くことができることに、私はすっかり驚かされた。もちろん私は、周囲が聞いているように、自分自身の声で話すのを自分でも聞くことができる。だが、私は、自分に話しかけたり、話すことを聞いたりできるような内なる声を全くもっていない。私が何かを考えるとき、そこに声はない。それは、単に本質と言われるような言葉のイメージだけである。そこに構造や形は存在しないが、それは依然として心的には認識できるものである。感情的ではないが、より現実に存在しているようである。それは、周辺視の隅っこで、何かの光景が目に入るときのようである。何かがそこにあることには気づいているが、目の前で見るほど詳細ではない。

２０１６年、妻はラジオの議論を聴いて、私がアファンタジアであることを知った。ラジオのゲストは「心の目」でできることとできないことについて説明していた。妻が仕事から帰ってきたとき、「これを調べて聴いてみて。これが、あなただから！」と言った。

妻は、アファンタジアに関して議論されていることについて完全に理解していたわけではないが、描写や記述から、それがどのように私と関係するのかを気づくのに十分なものであった。私はすぐに、「アファンタジア」という専門用語についてさらに知りたくなった。なぜ、それはほとんど知られていないのか？　私は、これまでに、アファンタジアについて耳にしたことはなかった。

私は、そのラジオ番組をダウンロードした。その後のことはご存知の通りである。それで、今となっては、自分が心の目をもっていないことを理解している。変な話だが、自分の人生のなかで一度でも意義深いことに気づけば、新たな視点や理解が得られるだろう。たとえば、誰かが、今日は黄色い車がたくさん走っていると言ったとする。それまでは何とも思っていなかったのに、それらを探すようになる。私の例で言えば、そこにない何か（視覚イメージ）を絶えず探しているが、一度、その種が蒔かれてしまえば、そうしないわけにはいかない。

私が毎日の仕事に取り組むとき、私は物事を認識できるのであるから、何らかの方法で脳がイメージを保持できているに違いないとわかっている。私は車を見て、メーカーやモデルと一緒にそれが車であることを知っている。同様に、私が知っている人たちの氏名も思い出すことができる。

私はイメージすることもできるし、心的に物事を再生することもできるが、心のなかの絵や動画のイメージというよりも、それはイメージの本質である。私が思い出すのは、物事の抽象的な性質や特徴である。これらの再生に感覚や感情は伴っていない。私は、説明することは言うまでもなく、このことを理解しようともがいてきた。

もし、私の家や建物を想起するとき、あるいは車でさえ、大きさは制約的な要因となるようである。私の心は、フォーカスを当てられる領域と大きさを制限してしまう。もし、私が大きな物を想起してみたり、心のなかでより良い視点を得ようとして後ろに下がってみたりしても（都市の景色のように）、私は物の全体というよりも視野の小さな小片の印象を得るに過ぎないようである。自分の焦点や視線をリアルタイムで地平線上へ移動させることができず、自己限定的な感じがする。

私は、物事を思い出すことができるが、細部のレベルについては思い出せない。私は、両親の顔を思い出せない。両親をイメージしようとすると、実際の細部についてではなく、私が考えていることの本質が得られる。それでは、それが誰であるのかを知るには不十分である。私が集中しようとしているのに消えてしまう僅かなイメージのみであり、風が強い日の雲のようである。それはほとんど、イメージの細部が、心的な焦点化と反比例するかのようである。

もういない人や親しい人のことを思い出せないというのは、アファンタジアの状態の一番つらいところである。

既に述べたように、私は内なる声をもたない。私は、心のなかで言葉を話すことができるけれど、それらは形にならないし、物理的な実体があるわけでもない。私は、心によって作られた音楽や声などを聞くことはない。私は、同僚が内なる声について話してくれたとき、驚かされた。

私は、匂いや触感を再生することができない。五感をもっているし、匂いを嗅いだり、触ったりできる。しかし、私は、後になって思い出すために感覚的な出来事を保持しておくことができない。そうは言っても、適切な状況や正確なきっかけが与えられることで、いくつかの感覚を思い出せることを知っている。でも、それらが何であるのかはわからない。

まぶたを閉じても視覚イメージは見えない。私は、これが誰でもそうであるといつも思っていた。私は、以前なら決してそのことを疑問には思わなかったし、人々が視覚イメージについて述べているときには、彼らは単に表現力が豊かであり、実際の生活について話しているとは思わなかっただろうと推測する。まぶたを閉じたときは、ただ暗いだけである。見えるものは何もない。

——アランは、２０１６年に自分がアファンタジアであることを理解した。この本に対

＊＊＊

するかなり多くの寄稿者たちも同様に、社会でアファンタジアの理解が広まる少し前に、自分のアファンタジアの状態を知るようになったに過ぎない。これは、10代からシニアまで、様々な年代で自身のアファンタジアの状態を表立って認識していることを意味する。人々は、以下の友人、家族や同僚との会話で、自身がアファンタジア傾向者であることを見つけ出した。他には、新聞や記事、BBCのウェブサイト、レディット[*2]やフェイスブックなどオンライン・ソースによるものである。

DG　私は演技法（ストラスバーグ法）のコースに所属していました。指導者が台本を提示し、それを描写しなければならなかったとき、**私を除いた**みんなはそれができることを知りました。

ML　学校で、私たちは木をイメージして描くように指示されました。クラスで一番絵がうまい私は、他のみんなが着々と作業を進めているのを見て動揺しましたが、私は目を閉じても何も見えませんでした。次の週には、同様の失敗をしないように念には念を入れて、木の構造を覚えていきましたが、それでも依然として様式化された絵でした。私は、実物を目の前にしないと（うまく）描くことができないのです。

AS　私は、フェイスブックにあるニューヨーク・タイムズの記事の見出しを見ました。「これを描いてみて。できない人もいるよ」というようなものだったと思います。私は、「うーん、これは自分のことのようだ」と思いました。

私は、クリックして、それを読みました。

私は完全に閉口しました。多くの人たちが文字通りにものを描けるという考えがありませんでした。実際の絵を見ているかのように。私は、それが比喩的なものであるといつも思っていました。そこで、夫に記事を見せて、心のなかで実際の絵を描いてみるように頼みました。夫はできると言い、私はそれができないことを伝えると、とても驚いていました。
L　夫と私は結婚18周年記念のディナーに出かけました。お互いに向かい合って着席し、おしゃべりをしていました。途中、視覚イメージ化の話になりました。私は、視覚イメージ化ができないと言いました。夫に聞いてみると、「もちろん、できるよ」と夫は答えました。「僕は心のなかで、きみを視覚的にイメージできる」。私は混乱して、どのようにそれができるのか尋ねました。夫は話し続けました。
「僕は、きみのお母さんの顔をきみに重ね合わせることができる」。これには、本当にショックを受けました！「何ですって⁉ それは普通ではないわよ」。

私たちは、誰が普通なのかについて活発な議論をしました。夫みたいに非常に有能な視覚型の人か、あるいは（視覚型ではない）私か。

私は自分が普通で、夫がそのような能力をもっているのが特別であると考えました。人間であることは、私が存在すると強く信じている「向こう側」から隔絶されることだと思っていました。

私たちはその結果を比較して議論を続けるために、知り合いから個人的なアンケートを採り、彼らが視覚的にイメージできるかどうかを尋ねてみることにしました……。

私は、自分が変わり者であることを知りました。私が話した全員が視覚的にイメージすることができたのです！

私は「視覚的にイメージできる？」と尋ねました。すると彼らは目を閉じて、「いいよ。何を視覚的にイメージしてほしいの？」と言ったのです。

TM　私は、教師になることを目指して大学で学んでいました。私たちは、子どもたちが単語のスペルを理解するために視覚的にイメージする能力をもっていることについて話し合っていました。いつまでも、他の人たちが「頭のなかに思い浮かべて……」と話しているのを聞いて、私は比喩的に話しているだけだろうと思っていました。大学のそのクラスでの議論で初めて、他の人たちは実際に絵や言葉などを見ているのだと気づきました。私は、呆然としました。

匿名　友人が夫（アファンタジア傾向者）と[*3]ブレイク・ロスのフェイスブックへの投稿を共有しているのを見て、私もそれを読んでみました。自分がアファンタジアであると認識したことよりも、他の人たちが実際に心のなかで物事を見ることができることをさらに実感（確認）

しました。

AT　私は、ポッドキャストを聴いていました！　それは、『あなたが知っておきたいこと(Stuff You Should Know)』という番組で、アファンタジアの全般的なエピソードについてのものでした。砂浜や海などをイメージするというガイドつきのイメージスクリプトでショーを始めたので、私は、やれやれ、そんな無意味なことを……、と思っていたのですが、番組では、多くの人たちは説明された状況を実際に見たり、聞いたり、感じたりしているということを「明らかに」したのです！　私は、とても驚きました。多くのアファンタジア傾向者のように、私は自分が普通でないことを知らずにいました。「場面をイメージしなさい」というのが比喩的表現であるといつも思っていたのです。

BM　アファンタジア傾向者の友人が、フェイスブックに記事を投稿しました。それは友人たちのあいだに議論を起こし、「心の目」というのは多くの人たちが使っている単純な比喩ではないと私に気づかせました。私はいつも、「心の目」「心の耳」「心の鼻」「心の舌」などは、全ての人たちに共通していて、より抽象的な経験を記述する便利な方法であると思っていました。他の人たちが実際に、心のなかで見たり、聞いたり、香りを嗅いだり、味わったりしているとは、考えてもみなかったのです。私には、全く、意識的で精神的な感覚経験がありません。しかし、その事実にもかかわらず、私にはかなり活動的で詳細な内的世界があります。

JA　私には抑うつと不安があり，数年間，体調を崩していました。手短に言うと，母は――私が物心ついたときから――目を閉じてイメージして……と言っていました。子どもとして私は挑戦しましたが，その概念や「見える」はずであったものが私には理解できませんでした。

33歳のあるとき，私は母のもとを訪れました。ストレスがたまっていた私に，母は再度，目を閉じて海のような穏やかな場所をイメージするように言いました。

私は同意して，目を閉じて母の言葉を聞きました。

母は「今よ，砂，水の色を思い浮かべて」というようなことを言いました。

私は「思い浮かべて」や「視覚化して」という言葉にフラストレーションを感じました。少し時間をおいて，私は目を開けて，動揺しながら「思い浮かべるとはどういうこと？　何も見えないわ」と質問しました。

私は，そのときの母の表情を覚えています。それは，困惑とショックが混ざり合ったような表情でした。母は私に「海が見えないの？　水の色は？　波の音は？」のような質問をしました。

私は，いいえと答えて，今ここにないものを見るなんて，おかしいと思いました……しかし，そのことは私を悩ませました……それで，後になって「実際に心のなかでイメージを見る人もいるのだろうか」ということをグーグルで検索し始めました。

その考えはばかげていて、私は母が普通ではないと思っていました。そのときグーグルで、私はアファンタジアという用語を見つけて読み進めました。私はショックを受けました。私が目を閉じて何かを見ようとしたときに完全に暗闇を見ていたことは、みんなにとっては普通ではないということを全く理解できていなかったのです。

CS2 私は、アファンタジアに関してポッドキャストを聴いていました。アファンタジアの状態について説明していました。そのときは、全くピンときませんでした。

私は、いつも「視覚的にイメージすること」をより抽象的な概念として理解していて、みんなにとっても、それが事実であると思っていました。ポッドキャストのホストは、リスナーに目を閉じて砂浜をイメージするように言いました（私が運転中でなかったことは幸いでした）。

私は、そうしてみました。

何も見えなかったのですが（おそらく、わずか1秒程度の海岸線の微かなきらめきがあり、その後で消え去りました）、私は頭のなかに砂浜についての知識をもっていました。そのホストは、色や動きを含めて、それぞれの人が心の目で「見る」ことができた細部の程度を説明し続けました。私の心は揺さぶられました！　他の人たちは、視覚的にイメージするときに実際に見ていたということでしょうか⁉　それは驚くことです！　私は、そのことに魅惑され、今もそれが続いています。

JS　私は、居間でノートパソコンでテレビを観ながら、家族と一緒にすごしていました。そのとき「アファンタジア、心的イメージのない生活」というＢＢＣの記事を見つけました。それを読んだ後で、私は口がきけなくなるほど驚いたのです。家族に実際に心のなかでイメージや記憶のような何かを思い浮かべることができるかどうかを尋ねました。私は全くそれが信じられなかったし、今でも信じられないところがあります。

AS2　読書会を通して、私は頭のなかで「映像や映画」として本を視覚的にイメージするというよりも、言葉として本を読んでいることに気がつきました。かなりよく知っていたり、何度も見かけたりしない限り、自分はその人たちを認識することが困難であると気づきました。また、私が行っていたディスレクシアの訓練に関するセッションの一部分について視覚的にイメージするように求められた際、自分が全くできないことにも気づきました。教室にいたみんなはそれができたので、私はそのまま流れに身を任せて決して何も言いませんでした。

JT　誘導イメージ法の瞑想があります。私は「見る」ことができませんでしたが、グループの他の人たちは物を描くかのように視覚的にイメージすることを説明します（なぜなら、彼らにはそれができたからです！）。

KB　アファンタジアという専門用語と、心の目で視覚的にイメージできない人たちの割合に気づいたとき、私は36歳でした。私はヨガの講師で、人々が誘導による瞑想で視覚的にイメージできることを知っていました。しかしながら、私はいつも、それができるのは少数の人たちであって、それは普通のことではなく、学んだり、マスターしたりすることで身につくスキルだと考えていました。

MC 私は、共感覚の女の子の本（ウェンディ・マス［Wendy Mass］著『マンゴーのいた場所（*A Mango-Shaped Space*）』[*4]）を読みました。以前その状態について聞いたとき、自分の世界の経験をもとにすると、ある共感覚者が文字や数字を色として「見た」とき、その人たちは現実世界で何とかして色を見ていたのだろうと思っていました。本のなかでは、女の子が匂いや音を色として「見る」とあるので、その女の子が心のなかで共感覚を経験していたのだと理解していました。

MR2 私は、いつも視覚的にイメージすることには困難さを感じています。集団催眠や瞑想を試みてきましたが、一緒にいた人たちのなかでは、私はそれが難しい唯一の人間のようでした。私はいつも、練習量が足りないせいだと思っていて、もっと取り組めば簡単になると思っています。

RH 私は、17時間を超える身体的にも精神的にも非常に長い交代勤務をしていました。以前の通常の睡眠時間よりも短い睡眠時間になっていました。私は、仕事が終わりに近づいたときにはかなり疲れていました。

不意に、私は視覚的に物事を考え始めました。完全な視覚で。それは、頭のなかで動画を操作するかのようでした。視覚のみで、驚くほど速く「考える」ことができました。私は幻覚を起こしていたのだと思いました。

とても親しい同僚にそのことを説明したとき、彼は、自分はいつもイメージで考えていると言いました。私はショックを受けました。不幸にも、眠った後は、心的イメージを「見る」ことができなくなりました。たまに、とてもリラックスしているときに色のフラッシュや一瞬の「静止」画を見ますが、それをコントロールすることはできません。それを無理に行うこともできません。

MR　私は、運転の最中に道路への視線を保たないで、放牧場にいたカンガルーを数えている夫をひどく叱りつけました。すると夫は、カンガルーについて心の写真を撮り、そのなかで数えているのだと話してくれました。私は、夫が冗談を言っていて、自分が特別な力をもっていると思い込んでいるに違いないと考えました。しかし、他の人たちにもそれができるとわかりました（私には全くできないけれど）。その後、夫はアファンタジアに関する記事を見て、それが私の経験を正確に記述していることに気づきました。

＊＊＊

――〈困難者〉というラベルは、多くのアファンタジア傾向者にとって不快なものである。いく人かのアファンタジア傾向者にとってその表現は軽蔑的であり、他の者にとってはアファンタジアの状態を全く正確に特徴づけていないものである。

MB 良い言葉とは思えません。

AK 私は、自分自身が困難者であるとは思っていません！　それを状態と考えるなら、私はアファンタジア傾向者であり、私はアファンタジアです……。私にとって、それは普通の状態であり、違いはないとわかっています。

JT 私はアファンタジアによって「困難者」ではありません。私の脳が違ったふうにはたらいているのです。

匿名 違います。アファンタジアは、単に人間の状態の様々なバリエーションであると考えています。私は、どんな脳の構造にも、良い面と悪い面があると感じています。そして、私たちが気づいていない多くの他のバリエーションがあると確信しています。私は、自分自身について「アファンタジアである」と言いますが、「アファンタジアの傾向がある」のかもしれないし、あるいは、平たく言えば「アファント」と言うかもしれません。

MU そうです、私は困難者です。アファンタジアの状態は、確かに私の人生の大部分にネガティブな影響を与えてきました。

AS　私には、アファンタジア傾向者を困難者と呼ぶのかどうかわかりません。それは身体的な痛みではなくても、ほとんどの場合、最初にアファンタジアに気づいたときが一大事なのです。自分が視覚的にイメージすることができないことを知ってしまった今は悲しいです。

AT　私は実際に苦しんでいないので、「困難者」という表現は好きではありません。アファンタジアのために、人生の一部分は苦しんだけれど。他の人たちの顔を覚えていること、あるいは顔と名前を一致させることについてはどうしようもないし、もちろん方向感覚についても同じです。そして、昨夜の夕食に食べた物をあなたに教えることはできません。

私は、神経多様性（neurodivergent）の世界を愛しています！　ＳＦのように聞こえますが、本当に悪くもない特異性にラベルづけすることはとても有用な方法です。

BM　私には、心の目、心の耳などが欠如していますが、「困難者」ではありません。単に、僅かに異なった方法で、思考と意識的な心的感覚の経験とのつながりを体験するような少数派のメンバーにすぎないのです。私は自分自身を「普通」であると述べるでしょう。

CW　私は、困難者ではありません。神経的定型ではないだけです。

PA　違います。私は、現実主義者です。他の人たちは、目を閉じても物が「見える」ことを信じるように騙されているのです。

CS　私は決して困難者という表現を使いません。それが異常であるとわかるまで、私にとっては普通のことでした。私は未だに自分のことを困難者であるとは言わないし、本当によくやっています。私は、あなた方があることを生み出してそれであなた方が苦しんでいるだけのことだと思います。視覚障害で生まれてくれれば、その人にとってはそれが普通のことであるし、成長とともに視覚障害になれば、その人はそれで苦しむでしょう。私は、ただアファンタジアをもっていて、困難者ではないと思います。

ML　困難者ではありません。私は、「部分的な視覚障害」の場合のように、不利な状態とともにあります。

DS　私は、自分がもっている状態をアファンタジアと呼びますが、それで苦しんではいません。それをより自分の思考スタイルとして見なしています。多くの他の人たちは、視覚的にイメージするスタイルをもっています。

GD　ただ、人間としての多様性でしょう。

JK2　私はアファンタジアですが、アファンタジアで苦しんではいません。私は視覚イメージをもたないので、痛み、苦悩、喪失、傷害や不都合を全く感じません。また、実際に不利な状態にいるとも感じていません。

他の「困難な」人々はかなりそれに気づいていますが、私は、全体的に異なったイメージ体験をもっているると気づかないまま、この上なく幸せに35年の人生を過ごしてきました。

JL　保持者？　あるいは取りつかれた人でしょうか？

LL　私は、それを「自分の暗黒さ」と呼びます。

JR　私は状態をもつとか、症候をもつなどと言います。私にとって、苦しむというのは、身体的、感情的の両方、あるいはいずれか一方の痛みを伴うものだと思っています。だから、私はちっとも苦しんでいません。たまにもがくけれど、苦しんではいません。

MB2　私は、自分自身を困難者とは考えていません。「悩まされている」というほうがより良い言葉でしょう。アファンタジアが、これまで、私の人生に著しい痛みを生じさせることはありませんでした。

MR　私は「アファンタジア**である**」が、それで苦しんではいません。もしかすると、体験というのが、より適切な言葉かもしれません。

PW　完全に、困難者とは違います。

SC　いいえ、苦しむようなことは実際に生じていません。私は健忘症で苦しんでいますが、アファンタジアなだけです。ちょうど、私が赤い髪の毛であるとして、それで苦しむことはないようなものです。単に、私が赤い髪の毛ということでしょう。

TS　私は、アファンタジアでかなり苦しんでいます。

ST　私は困難者ではなく、単に、自分自身を視覚的にイメージできない人と考えています。

KB　違います。私は決して苦しんでいません。私はいつも、学問的に前進して成功した人生を得てきました。それを問題や不利なこととして捉えることは決してありませんでした。そう、自分の心はいささか異なって動いていますが、それは良いことです。全てのことと同様に長所と短所があります。私は私のあり方に満足しています。いかなる場合でも、自分の人生を妨げることはありません。

CS2　私は、古い冗談が好きです。「あなたは、精神疾患で苦しんでいる？」「いいえ、私は精神疾患を楽しんでいるよ！」

＊＊＊

——多くのアファンタジア傾向者でない者たち／視覚イメージを形成できる人たちにとって、好奇心をそそる最初の質問は、「目を閉じたとき、アファンタジア傾向者は実際には何を『見る』のか？」である。

AR　何も見ません。

DS　暗闇を見ます。

AY　何も見えません。

MC　暗闇が見えます。

AT　完全に何もありません！　文字通り、本当に暗闇です。明かりもないし、視界もありません！

CS　完全に何もなくて、そこには本当に黒があります。何かを失っていると初めてわかったとき、長い間、視覚的にイメージすることを試してみました。それは、本当に私に頭痛を与えました。

JC　黒の空虚です。

CH　黒です。視覚的にイメージできる人たちは、目を閉じると、心的イメージをより良く見ることができるのですか？　私はいつも、なぜこの質問を受けるのか不思議です。

CS2　本当に、完全に黒です。私が実際に一生懸命に試みたとしても、多くの場合は夜なら簡単かもしれませんが、数分の一秒間、灰色の影のような物体の形状を見ることがあります。それから、消え去ってしまいます。

JS　暗黒です。私が見ている全ては、まぶたの裏側です。

JK　黒で、まぶたの内側です。

CW　暗闇で、たまに眼内閃光があります。

JK2　暗闇。まぶたの裏側です。ときどき、そこには青、緑や灰色が広がったペーズリー模様のようなデザインがとても微かに存在しています。私が暗闇のなかにいるとき、それは僅かに強くなります。

JL　「空虚」です（黒と言えるが、しかし黒ではないし、それはちょうど……何もない状態でしょうか）。

JR　一般的にはただの灰色ですが、光量が多かったり、太陽の光を浴びたりすると、その色はかなり薄くなって、薄い黄色やベージュのようになります。しばらく前に、歯医者で歯を削られて痛いときに、オレンジ色、赤色や緑色の閃光が見えて、痛みがどのくらい継続したかによって、数秒間かそれ以上、光っていることに気づきました。それらの色は不規則な形をしていて、多くの先端をもつ星のようでした。ギザギザの星というのが適当な説明でしょう。

MR2　何も見えません。ただ一面が暗黒です。

LH　暗闇が見えて、イメージはないのですが、いつも顕微鏡の下で何か（たくさんの小さくて動きながら浮いているもの）を見るようなものです。それがまぶたの裏側にあるのか、あるいは目の上で浮いているものなのか、私にはわかりません。

ND　暗黒ですが、たまにまぶたを通して光が入ってきます。

SR　明暗に依存して、異なった影が見えます。

TM　目を閉じたときは、暗闇だけが見えます。色もイメージも現れません。

MH　完全に黒い背景に対して、何十億もの微細な白っぽい先端がついたピンの尖った点が見えます。

MU　何も見えません。また、内的には聞こえないし、味わうこともないし、経験することもないです。

RH　何も見えません。まぶたの裏側が見えるだけです！

PA　まぶたの裏側が見えます。それは黒いです。

PW　何も見えません。暗黒あるいは「ぼやけて」います。

RW　それは、いくつかのとても僅かで、ランダムな光の小片による暗闇です。たとえ、私が真っ黒な部屋で光の小片を見るとしても、それらはまぶたの不完全な密封によるものであるといつも思っています。

SB　長い時間、挑戦しようとすると頭痛がします。しかし、実際に何も「見えない」のです。

TS　黒が見えます。おそらく光を見た後の残像であろう黒い背景と様々な光の干渉パターンがあります。さもなければ、それは何でしょうか。それは、ときどき形に似ています。

VD　周囲の光をもとにして変化する暗闇が見えます。

＊＊＊

――アファンタジアでない者にとって、アファンタジア傾向者がどのように視覚イメージ無しで物理的対象を概念化しているのか、理解するのは難しい。では、アファンタジア傾向者が何か物事（たとえば、家）を視覚的にイメージするように求められた際に、何が起きているのだろうか……。

RH　何が起きているのか、実際に説明するのは難しいです。私は、自分の家を説明できます。家の様式、材料、色などを教えられます。レイアウトを説明することはできますが、心のなかでは何も「見る」ことはできません。私は、特にスケッチが得意ではありませんが、視覚的なことについて他の人に説明するために絵を描くことはよくあります。

JK2　私の家についての事実を説明することはできます。西に面していて、二階建て、大量生産のよくある外観で、スペイン様式のような化粧漆喰です。緑色のシャッターがついているベージュ色の家。2つのガレージがあって、それらは北に面して右に2台用のガレージと西に面している1台用のガレージがあります。

私は、頭のなかでそれを「見る」ことはないですが、そのような外見です。角度、斜面、あるいは何かを説明するための手段を見つける必要があれば、見えない手で、その見えない輪郭をたどることができます。しかし、それでも見えません。

AT　家がどんなものであるか、正確に教えることができます！　でも、家の中の匂いも音もイメージすることはできません。

むしろ、（文字が見えているわけではないのですが）「読む」べき記事があってそこに家の環境が書かれていることに近いです。

もしかすると、もとになる写真記録がない状態で、栄光のパルテノン神殿をイメージしようとするようなものかもしれません。ウィキペディアでは、「パルテノン神殿はイオニア式建築の特徴をもつ周柱8柱式のドーリア式神殿である。それは、3段の基壇あるいは高台の上に建っている。他のギリシア神殿と同様に、杭と楣の構造であり、エンタブラチュアを支えるコラム（周柱）に囲まれている」とあります。しかし、実際にその姿を見ることはできません。これはいつも、神経的に定型な人たちに説明するのが一番難しいことなのです！

TS　最もよく見えるものは、黒い背景の上にあるダークグレーの形のような、視覚的にイメージしようとしていたものの一瞬のきらめきです。

でも、3次元空間は何となく視覚的にイメージできます。イメージした物体の「アイディア」を異なる心的な場所に配置し、それらが動いたり、走ったり、ジャンプしたりする様子をイメージすることができます。

それは、真っ暗な劇場のようで、私はその劇をよく知っていて、瞬間瞬間でそれぞれの登場人物が何をしているかよく知っているようなものです。ですが、それらを見ることはできません。

匿名 私の主要な思考方法の一つは、自分が「空間」と呼ぶものです。説明は難しいけれど、目に見えない形を3次元で表現しています。反響定位は、よいたとえでしょうか？ あるいは、コンピュータで作られた照明のない3次元の景色かもしれません。その景色は、まだそこにあるし、コンピュータもそれがどこにあるのか知っているけれど、それは見えません。

私の家を想起するとき、色（非視覚的な）の知識／感覚とともに想起します。それは、特に詳細ではありません（より詳細にしようとしてズームしたとしても）。１９９０年代中頃のコンピュータで生成された3次元の景色、あるいはマインクラフト[*5]よりも僅かに高品質な解像度だと考えてほしいです。また、私はいつも、「空間」のなかに北の点を保持するようにしています（たまに間違うこともありますが、たいていは実生活で北がどこなのかおさえています）。

AR 私は、何も視覚的にイメージできません。しかしながら、ときどき一瞬見えることもあります。たいていは、私が視覚的にイメージしようとすることについては何でも、事実についてのリストを想起するようにしています。

LH 完全にイメージはありません。私は、イメージに関する他の情報源が私の脳に入るのを妨げているのかもしれないと思うので、目を本当に固く閉じます。そうすれば、視覚イメージ化のより大きなチャンスがあるかもしれません。それは、決して機能しないのですが。私は、望みを抱いて生きています。

TM 私が何かを視覚的にイメージしようとするとき、頭のなかで物語が動き始めます。家を思い浮かべるように言われたなら、私の内なる声が家の説明を始めるでしょう。私の記述はかなり長くて、頭のなかでイメージを作ることができる人たちに対して、絵を描く言葉でいっぱいにしてしまうでしょう。しかしながら、私にイメージは現れず、単に聴覚的な説明による物理的世界なのです。

MB2 心の目でイメージの一瞬のひらめきを見ることはあっても、それを維持して詳細に見ることはできません。私は、ちょっと試みた視覚イメージ化を「イメージ」と呼ぶのも躊躇してしまいます。なぜなら、塵あるいは非常に荒い膜がそれらの上に置かれているように、信じられないほどかすんでいて不鮮明だからです。

とても瞬間的なもので、イメージは多少の塵の灰色の波によって流されてしまいます。私のイメージが微かに明るくなり始めたとして、灰色の波は完全にその明かりを消してしまいます。

私が何かを視覚的にイメージしようとすると、私の心の目は、まるで絶えずシャカシャカ振られているエッチ・ア・スケッチ[*6]のようで、完全な視覚イメージ化はもちろん、それに焦点を当てることもできません。

私は、一瞬だけ、ジョン・トラボルタの顎を視覚的にイメージすることができますが、そこからイメージしようとすると残念なことになります。灰色で洗い流されてしまうのです。もう一度、彼の顔をイメージしようとすると、顎のイメージより詳細な記述がなされることはありません。そして、顎から上を区別する前に、それは一瞬にしてなくなります。

明らかに、ちょっとイライラさせられます。

JA　何もないことはわかっています。目を閉じれば、光の当たり具合によってはオレンジにも見えます。私はそれを記憶のなかで覚えています……説明するのは難しいのですが。全く何も見えないし、単にわかっているのは（たとえば、私が小さいときの家は）、箱型の平屋建ての家ということです。余計な装飾や付属設備はありませんでした。それは明るいピーチブラウン色でした。４つの寝室と長い廊下があって……しかし、私はこのことを視覚ではなく、記憶や情報から理解しているのです。

MU　私は、イメージを０・１秒程度見ることができます。そして、それは消えます。

匿名　私が目を閉じて何かを視覚的にイメージしようとすると、単に黒を見ます。私はいつも、他の人たちに、私の心はロボットのようにはたらいていると説明しています。私は、多くのデータ（言葉）を保持していて、それは物事を思い出したり、認識したりすることを助けてくれます。たとえば、私の家について、どのくらいの広さか、どのくらい部屋があるか、そして、どのように互いにくっついて配置されているか、などです。データとして頭のなかに入れているのです。それを見ることはできないので、単純に、ソファー、テーブル、寝室などの色を知っているのです。

PW　そこには、幾何学的な形のような概念、あるいは色や大きさのような事実のみが存在します。

MR　それを説明する単語は考えられるけれど、実際にそれを視覚的にイメージすることはありません。

MC　ええと、私は「視覚的にイメージしようとした」ことがありません。私の心はいつも黒い空虚であり、私の人生の大半は、イメージが他の人たちには可能であることさえ知りませんでした。

　自分の家を考えるとき、その空間に関連して自分自身を想起します。どのように部屋が配置されているかを知っているし、どの部屋に居ることも、あるいは部屋から部屋への移動についても感じることを知っています。それぞれの部屋にある物品を知っているし、それらが部屋のどこにあるのかも知っています。これは、空間的な意識と事実との結びつきなのです。

DS　物体を想起しようとするときには、心にのぼってくるだいたいの形が思い浮かびます。

自分の家を想起すると、それは長方形です（実際に正面から見たとき）。人を想起する場合は、一般的な頭の形か体型のどちらかです。これらは、私の頭のなかで視覚的にイメージされるわけではなく、その形の知識があるだけです。

私は、以前に、「アイディア」とは何であるのか、明確に表現しようと試みましたが、それはとても難しかったです。それは、空間的な意識に近いものを感じました。自分の父親や妻のことを考えるときには、顔の感覚があります。その感覚があれば、その顔の詳細を思い浮かべることができます。その人の鼻がどこにあるか、鼻の一般的な形状については、私の空間的意識のなかにあるけれど、顔全体の感覚は消えてしまっています。それは、一つひとつの形だけなのです。

BM 私は、自分が「視覚的にイメージ」しようとしたことに関する詳細な記憶や概念を保持しています。それらの記憶や概念は、色、音、方向、バランス、方向定位、匂い、関係性、抽象的特徴などと関係があります。家などの事物を想起しようと試みるとき、首尾一貫した理解を構築するために、それと関連のある概念と関係性を活性化します。心的な映像や音などは必要ありません。

訳注

＊１　原文は「sufferer」である。辞書的には「苦しんでいる人」「患者」などの訳があるが、本書ではより多様な意味合いをもつ「困難者」という訳をあてた。

＊２　レディット：米国のソーシャルニュースサイト。

＊３　ブレイク・ロス（Blake Ross）：アファンタジアをもつアメリカのコンピュータエンジニア。第２章、第９章、第10章でも登場する。

＊４　原書・邦訳は以下。
Mass, W.（2003）*A Mango-Shaped Space*. New York: Little, Brown and Company. 金原端人（訳）（2004）マンゴーのいた場所　金の星社

＊５　マインクラフト：３Ｄの創作ゲーム。

＊６　エッチ・ア・スケッチ：お絵描き用のおもちゃ。灰色のスクリーンに磁力を使って絵を描く。振ると描いたものが消去される仕組みになっている。

第2章　アファンタジアを他者に説明する

アファンタジア傾向者にとって考えうる困難の一つは、視覚イメージを形成できる人たちに対して、アファンタジアの状態を説明しようとすることである。視覚イメージを形成できる人たちがすぐに理解できるような説明は、簡単にはできない。「何も見えない」という概念は十分に明確であるように見える一方で、効果的な比喩を見つけるのは困難である。

一方で、アファンタジアの状態が存在することに不信感を表出する人もいる。これは、自分が世界と関わり合いながら経験する方法とはかけ離れているためである。アファンタジアの状態を共有することには、２つの要素があることを意味している。

１　心の目をもたなくても可能なことを納得させること。

2 その内容を正確に理解させること。

＊＊＊

アラン 目を閉じたとき、私は文字通り、何のイメージも伴わない黒色が見える。それはいつも。心のなかでイメージを形成できたことはない。もし、有名な曲、歌っている歌手、あるいは話している場面をイメージしようとしてみても、何も見えないし、何も聞こえないし、何の匂いもせず、何の触覚も感じない。黒色と沈黙だけがあり、言葉もイメージも出てこない。

他の人たちにアファンタジアを説明しようとするとき、その概念を記述するために多くの時間を要する。彼らは、心のなかで視覚的にイメージできたものを見られないということを全くイメージできない。正直に言うと、なぜ、他の人が自分とはそんなに違うと思うのだろうか？私は、アファンタジアの状態を昨年くらいから知っていたが、他の人たちに初めてアファンタジアについて話すとき、それを説明するための簡単な方法がわからない。彼らがこちらを見て「冗談を言っているの⁉」というような目で私を見ないよう、話そうと心がけてきた。

私は、心の目をもたない概念について、とても簡単な用語で他の人たちに理解してもらえるように説明したいと思う。「あなたの頭のなかでビデオ・カセット・レコーダーをもたないようなもので、イメージを保存したり再生したりする方法がない」というのが、私が説明できる一番のポイントである。私には記録する能力がないし、視覚的な心的ライブラリ（記憶）から利用可能である物事を再生する能力もない。私の場合、同じことは音楽でも当てはまる。音楽を聴いても、頭のなかでそれを再生できない。

疑い深い人に対してアファンタジアの状態を説明することはおもしろい。だから、偶然にではなく、賢明に事例を選ぶことが利益につながる。

それでは、どうやって始めるか？　まず（私の考えでは）、数分でアファンタジアを説明しようとしてはいけない。新しいアイディアについて話すためには、しばしば、話しかけている人にとって新しい考えや理解を含むような会話が必要とされる。それゆえ、まずは、問題をゆっくりと説明するための機会を見つけ、利用可能な時間において公正に対話することである。

アファンタジアに関する議論の基礎を確立するために、文脈は最も良い手段である。だが、あなたが昨夜のテレビ番組のような会話にひたることができるかどうかは問題ではない。最初に、話している人は、自身の心のなかで（心的イメージによって）何を見ているのかを知り、自分が見ていることを説明する。そこから先は議論であり、概念やアイディア、考えをやり取りして、共通の理解に収束させていくのである。

一度、人々がアファンタジアの存在を認識すると、彼らは簡単な質問をするようになる。おそらく、アファンタジアの状態についての理解を探究したり、把握したりするのだろう。先に述べたが、私は、実際に会った人たちに、アファンタジアについて説明しようとしたことはない。それには2つの理由がある。

1　私がアファンタジアの状態について説明したうちの一人は、アファンタジア傾向者が同時に困難者であると理解した。彼らは控え目に言っても驚いていたが、その後、私はアファンタジアについて教えるよりも、その人たちが自分自身でアファンタジアを見つけるほうがよいと感じた。

2　アファンタジアの状態について効果的に説明することは簡単ではないし、普段は最初にアファンタジアについて説明するという大変困難なことはしない。他の人たちが、私のいつものアファンタジアに関するへたな説明について来てくれるのかどうかで、私のほうが適応して変化する必要があることがわかった。

先に述べた理由は弱いもののように聞こえるかもしれないが、私は、他の人が自身の心や状態をもっと見つけられるように努力すべきであると思っている。しかし、自分が他の多くの人たちと異なるとわかったとき、心をかき乱すと思う。

＊＊＊

——寄稿者たちは、どのように他者に対してアファンタジアを説明しているのだろうか？

CW　私は説明しません。

CS2　あなたは目を閉じても猫を描けるでしょうね。ですが、私にはそれができません。

CH　アヒルをイメージするように指示します。どんな種類のアヒルなのかを質問します。そして、私にはそれができないと伝えます。

TS　赤いリンゴをイメージして、頭のなかで実際にそれを見ることができますか？　私にはできません。私の頭のなかで、何かを視覚的にイメージすることはできません。妻の顔をイメージしようとしても、それを見ることはできません。匂いを呼び起こすことはできないし、感覚、触感、あるいは吠えている犬も呼び起こすことができないのです。

PW　実際には、あまりしていません。私は、心のなかではどんな写真も見えないとだけ言っています。しかし、多くの人たちに理解してもらうためには、実際には、明らかに十分ではない説明です。

MC　私は、このように説明しています。全ての明かりが消えている真夜中に、あなたの家のなかで歩いているのをイメージしてみてと。

たとえ目に見えなくても、その空間についてよく知っているので、どこに何があるのかだいたいわかるでしょう。それが、私の心と記憶です。暗闇だけど、自分がいる（いた）空間の意識です。

JK　目を閉じて何か（赤い三角形や砂浜など）をイメージするように教示して、心のなかで色がついたイメージが見えるかどうかを尋ねて、私にはそれができないと伝えます。

JK2　説明は難しいです。私はいつも、暗い部屋、あるいは暗い撮影風景のようであると言っています。そこに椅子があることを知っているし、およその場所、色、そして他の事実についても知っています。でも、私は全くそれを見ることができません。

私は、この説明が彼らのアファンタジアに関する理解を助けないとすぐに学びました。なぜなら、彼らは簡単に、暗い部屋の上に視覚イメージを上塗りするからです！

現在の最も良い説明は、ただ「馬」という語について考えることです。私は、「馬」の概念を記述するのに、自由に使える記述的な言葉の蓄積をもっています。私は馬についての視覚イメージをもっていませんが、様々なことをしている馬を説明するための言葉の使い方を知っています。波打ち際で体を起こしている馬を記述することはできますが、尋ねられたときの環境や時間帯、そして馬の種類に依存して細部が変化します。ただ、私にはそれらが何も見えません。

DS 私は、「心の目」が頭のなかでイメージを見ることを可能にしていると指摘します。ほとんどの人たちは、私が話していることについて、すぐに理解します。私の心の目は見えなくて、頭のなかでイメージをもたないことを伝えます。

BM 個人には関連のない物事、はっきりとしたイメージについて説明するように尋ねてみます。たとえば、「お金持ち」とは何か、「愛」とは何か、「10」という数字が何を意味するのか、説明してみて、などです。それらを言葉で説明できるのであれば、ある人は他の人の心的イメージを見ることはできないので、それらの思考は心的イメージに頼らないものです。そして、みんなが同じ方法で日没や馬、猫などを表現できることを指摘します。心の目をもたない私たちにできることは、心的イメージとは直接に結びつかない概念の説明や表現を使って、世界とのつながりをもつことです。

AY 私はいつも、愛する誰かの顔をイメージするように伝えます。そして、私にはそれができないし、それがどのように機能するのかについてさえ理解していないと説明します。

AT 私はいつも、アファンタジアに興味のある人と一緒に視覚的にイメージする訓練をしています。しかし、定型的な神経をもつ人に対してアファンタジアを説明することが難しいのは明らかです。なぜなら、それは彼らの経験からかなり外れているからでしょう！　私には、母と兄弟の心の目についてのテストを行うという楽しみがありましたが、母と兄弟もアファンタジア傾向者であることを発見しました。そのことを母と兄弟に説明することは容易であり、驚いた様子を見るのはとても楽しかったです。

匿名 私は、いくつかの方法でアファンタジアを説明することができます。日没をイメージするように教示して、それがどれくらいはっきりしているのかを尋ねます。そして、私には何も見えないことを伝えて、そこから議論を行うのです。また、アファンタジアの説明（たいていは、ブレイク・ロスの記事）を読ませて、私も同様であることを伝えて、そこから議論を行います。役に立ったフレーズは以下です。

- ほとんどの人は2つの「スクリーン」をもっている。現実世界と心の目である。私は現実世界のスクリーンしかもっていなくて、それは私が見ている全てのことである。
- 他には、「空間」について説明する。つまり、暗い部屋にいて、ただ、物がどこにあるのかを**知っている**ようなものである。あるいは、画面が消えたコンピュータ（それでも全てどこにあるのか、何が起きているのかを知っている）、音響定位、映画『デアデビル』の視覚のようである。また、映画『マトリックス』でネオが全てをコードで見ているようなもの（しかし、視覚的ではない）、あるいは運転しているときに後ろの車の位置を把握しているようなものである。
- 全ての内的感覚は、スペクトラムになっている。つまり、他者よりもより良く視覚的にイメージできたり、できなかったりする。内なる声をもたない人もいる。また、とてもはっきり音楽をイメージする人もいるが、それができない人もいる。

- 視覚的にイメージすることは、幻覚とはどのように異なるのか？（答えとしては、イメージは自発的／幻覚は非自発的であるが、それはよく考えなければならないものである。しかし、私が最初にアファンタジアを見出したときには、本気でこのことについて質問しなければならなかった）。
- 「……の状況では、あなたは何か見るのか？」の質問に対する答えとしては、何も見ないし、目覚めているときには、**これまで**イメージを見たことはない。しかしながら、眠ったとき、あるいは寝入る前の数秒間は、イメージを見ることができる。

＊＊＊

――他の人たちは、どのように反応するか？

SR ほとんどが驚きの連続でした。なぜなら、イメージを「見ない」人たちのこと、あるいは実際に見ている人たちのことはこれまで考えたことがなかったからです！

ND 時には、彼らはとても驚いて、それを想像できないこともあります。多くの場合、彼らもアファンタジアの状態です。イメージ欠如の状態をもつ人々の割合は、私がこれまで見てきた数よりも高いだろうと思います。

TS たいていは驚きます。多くの場合、アファンタジアについて耳にしたのはそれが最初であると言います。

TM 他の人はたいていショックを受けます。彼らは、イメージが見えないということがどういうことなのか、なかなか理解できません。私が単語を視覚化することができると思っている人もいますが、その場合は訂正します。そうすると、彼らは、それが自分自身にとってはどのようなものかを想像し始めて、視覚世界がどのようなものかを私に説明してくれます。これを「スーパーヒーローの力」と呼ぶ人もいます。その人は、他の感覚が実際に高まっていることを意味するに違いないと思っていましたが、それは正しかったのです。

ST ただ「おおー」と声をあげるだけで、普段は疑問に思っていないので、その意味をわかっているとは思えません。

SC 彼らは、多くの場合、とても興味をもちます。ある人たちは私を憐れもうとします。彼らはときどき、私がからかっていると思うらしいのですが、一度、詳細に教えてあげると、たいていは理解してくれます。

RH　ほとんどは理解してくれません……そしてたいていは、早々にアファンタジアの話題に退屈してしまうようです。

MR　私の夫がスーパーパワーをもつと思っていると言うと、彼らは、「ええと、彼がそのように言うのなら、私も同様にそう言うでしょう」と言って笑うか、「いいえ、誰でもそうすることができるよ」と言って無視します。それ以外の人は、たいてい興味を示しません。自分の目で見て、共感できるものではないので、アファンタジアに関する説明を否定するのです。

ML　彼らもイメージを見ることができないなら話は別ですが、ほとんどの人は信用しません。しかし、イメージのなかでも、多くの場合は匂いや味や**その他の何か**の感覚については再生することができます。私は、全ての感覚でイメージが形成できない唯一の人間です。

MB2　一般的には理解してくれます。私は、公然と信じてくれない人には会ったことがありません。彼らは、しばしば「夢を見るのか？」や「運転しているとき、どのようにナビゲーションを思い出すのか？」などのような質問をします。私はいつも、そう、夢を見るし、かなり鮮明な夢を見ているけど表現するのは難しい、なぜなら事後に夢を視覚的にイメージすることはできないから、と答えています。明晰夢を見始めるとすぐに、そのイメージは崩壊して、また曖昧になってしまいます。

同様に、ナビゲーションには、実際には視覚的なイメージを必要としないと説明します。通勤経路や家の窓の数など、動きのあるもののほうがはるかに簡単です。長くイメージにとどまらない限り、また、イメージのなかで動作を続ける限り、これらのイメージの扱い方を知っています。大文字「A」の中央にどんな形があるかと尋ねられたら、私は心のなかで物理的に文字を描くでしょう。その動きを見て、その形が三角形であると知ることができます。

JR ショックを受ける人もいます。どのように機能しているのか不思議に思う人もいます。他の人たちは、とても退屈そうにしています。人々の好奇心の程度によって変化すると思います。

CS 私は、他の人たちに視覚的にイメージできるかどうか尋ねて、みんながイメージを見られるのに、私には何も見えていないと話していた時期があります。ほとんどの人は、私を信じませんでした。数名は、自分も視覚的にイメージができないことを知って、ショックを受けていました。私がそれを知ったとき、そのことが私に対してどのような感情を抱かせたかを思い出します。その後は、他の人たちにアファンタジアのことについて尋ねるのをやめました。私は、知らないでいるほうが幸せだと思います。ほとんどの人は、何も見えないことを理解していません。逆に言えば、他の人たちがどのように物事を視覚的にイメージして、何が現実で何が現実でないのかを混同しないことが、私には理解できないのと同じことなのだろうと思いました。

BM ほとんどの人たちは強い好奇心をもって、魅了されたようでした。彼らは、アファンタジアについて質問をし，私はできる限りのことを答えました。私はいつも，私たちが知っていたり，心的感覚の経験を必要としなくても理解できたりする多くの抽象的概念のタイプがあることを指摘します。たとえば，私たちは数学ができるし，化学を理解できるし，生物学を理解できるし，ファジィ概念を理解できますが，それらは全てイメージや音を必要としません。私は，心的イメージに依存しない概念の要素を用いることで，私たちのやり方について考えて，世界を渡り歩いています。

匿名　４つの場合があります。それは，混乱する場合，少しあるいはかなりの興味をもつ場合，ショックを受けたり不信感をもったり混乱したりするが興味をもつ場合，理解しようとする場合です。私は，これらの異なる見方が，彼ら自身の心の目の強さとどのくらい関連があるのだろうかと思います。

＊＊＊

──アファンタジアの状態を説明するとき，寄稿者たちは他の人に対してどのような賢明な言葉を使用しているのだろうか？

VD 常識を用いて小さいところから始めます。その後に、科学について取り上げます。

JS 説明のなかで最も良いものは、画面のないコンピュータです。全ての情報はそこにあって容易に利用可能な状態ですが、他とは全く異なっていて非視覚的な形式です。ブレイク・ロスのアファンタジアに関するフェイスブックの記事（検索してみてください）は、私が現在まで見つけたなかで最も感銘的であり的確な描写です。それは、私の経験がどのような経過であったかについて考えると、ほとんど正確です。

MR 一緒に体験してもらうことで、人々はよく聞いてくれます。彼らに、目を閉じて、私たちが共有する思い出を説明して、次に、その視覚的記憶について説明するように伝えます。何が起きたか、知っていることを説明してほしいのですが、頭のなかでそれを見ることはできません。もし、彼らが積極的に反応してくれるなら、アファンタジアの影響について他の観点も教え続けることができます。そうでなければ、そのことを忘れるでしょう。人々は、見えないもの、あるいは理解できないものを聞こうとはしません。

JR あなたは、心のなかで視覚イメージを引き出すことができません。あなたには、灰色とか他の何かのみが見えます。そして私は、「それは、私が経験してきたものだよ」と言います。

MH 端的に言わなければ、彼らは、私が気の毒であるように思わせようとしていると考えます。ネガティブなことだけに焦点を当ててしまうと、相手が同情することになるので、それと同時にいくつかのポジティブなことも教えないといけません。

KB　私はこれまで、この状態をうまく説明できませんでした。アファンタジアについて、コンピュータにつながっていないモニターのようで、情報は十分にあってアクセス可能であるが、それを表示できないだけなのだ、と説明を試みる人がいることを知っています。これは合理的な類推ですが、私の経験では何かが不足しているように感じます。モニターにコンピュータをつなぐ方法を見つけることで単純に「解決される」問題のようにしていると思います。私は、それで解決される問題とは見なしません。私は、モニターなしでコンピュータを使うだけでも満足しています。

JT　思考の「正しい」方法は存在しないことを覚えておいてほしいです。人はそれぞれ自身の経験をもっていて、世界とやり取りをする方法は全て異なっています。「不完全」な人は誰もいません。

JL　「赤いリンゴ」や「青いゾウ」のような単純なものを言ったとき、他の人たちはどのように物事をイメージしているのか、何を見ているのか、問いかけてみてください。そして、あなたにとっては、それがどのように機能しているのかを説明してみてください。

DS　私が思う最も大きな問題は、人々が視覚イメージ化と思考を分けて考えることができないことです。彼らにとって、視覚イメージ化は思考の重要な部分であるため、その2つの概念は決して分離して考えられるものではありません。

心の目がないようなものであることを説明するとき、私は、明日の朝に起きることをイメージするように、そしてそのときに目が見えなくなってしまったことを想像するようにお願いしてみます。ベッドから出て洗面所にたどり着くことができるか？　着替えることができるか？　目が見えなくなっても、日常生活でできることは何だろう？　目が見えないことは制限になるけれど、それは目が見えることに慣れていたからです。実際に目が見えない人たちは、ルーティンややり方があるので生活に違いはあるものの、彼らが満ち足りた幸せな人生を送れないことを意味するものではありません。アファンタジアをもつことで、視覚イメージに頼らない別の方法で考えますが、それは、物事を理解するために他の心的操作の使用をやめさせるものではないと考えています。

RH　若いアファンタジア傾向者についてより具体的に言うと、特に学校において、あなたをイライラさせることがあります。他の人たちは早く学ぶことができますが、もしかすると、あなたは努力を必要とするかもしれません。しかし、これまでも、これからも、これは知性と関係があるとは考えないでほしいです。あなたは、周りのほとんどの人たちよりも、少し異なって世界を受け取ったり、処理したりしています。それについては、心配しなくていいのです。あなたは障害をもつわけではありません。あなたは長所をもっています。私は、どのようにそれを見つけるか、いつ見つけるか、あるいは何であるかさえ教えられませんが、あなたは独特の観点で自分の長所を見つけるでしょう。

＊＊＊

――アランが明らかにしたように、彼のアファンタジアは視覚イメージだけでなく複数の感覚に影響を及ぼしている。多くの寄稿者たちが類似した経験を報告している。

AK　私は、頭のなかで聞くことも香りを嗅ぐことも、いずれの感覚を再現することもできません。

DS　全ての感覚は、アファンタジアの影響を受けています。私は、頭のなかで見ることも、聞くことも、香りを嗅ぐことも、感情を得ることも、味を感じることもできません。

PW　私は、全ての感覚でアファンタジアの状態になっています。つまり、視覚的にイメージすることも、音を聞くことも、香りを嗅ぐことも、味を感じることも、触って感じることもできません。それらの全てについて事実を再生することはできますが、非常に強い経験でない限り、たいていはかなり一般的なものです。私は幼い頃に、視覚的にイメージできないこと、それが普通ではないことを学びましたが、アファンタジアについて記事を読むまでは、他の感覚も異なって再生されるとは思いもしませんでした。

GD 私は内なる耳をもっています。しかし、嗅覚、触覚、視覚などの他の感覚は心的に再生されません。

CH 私は、味、音、匂いや触感を心的に再生することができません。歌を口ずさみますが、それは言葉だけです。音楽が頭にこびりつくとしても、私は全部の歌を聴くわけではありません。

MU 身体運動感覚を除いて、私の全ての感覚はアファンタジアの影響を受けています。

TS 私は、嗅覚については全く再生することができません。触覚についても、全く再生することができないのです。声や音楽についてもほとんど再生することができません。時には音楽を再生することはできますが、それさえ、かろうじて微かに聴くことができる程度です。

ML 内なる声もないし、音楽もありません。かつて、私がかなり困難を抱えて疲れていた状態のとき、とても奇妙な経験をしました。私はカフェで座っていて、背後で話している人たちがヨークシャー州の叔父、叔母、いとこの声で話しているように聞こえたのです。それは、本当に奇妙でした。私が彼らを見たとき、声が別人の普通の声に変わりました。しかし、私が視線をそらすと……再び、同じことが起こったのです。それは、ほんの2分間程度でしたが、自分の心がそのように声を再生できるとは信じられず魅了されました。

TM　私は、まるで視覚イメージ能力の欠如のために他の感覚が強められているかのように感じます。聴覚の能力は、最も高くなっています。

RW　私は、内なる声と音楽を少しだけ再生することができます。たいていは、フレーズを考えて一生懸命に集中する必要があります。そして、「心の耳」でそれを聴くことができます。嗅覚、味覚、触覚については再生することができません。

MR2　他の感覚がアファンタジアの影響を受けているかは、わかりません。何が普通であるか、普通でないかは、わからないのです。匂いや味を感じることはないのですが、実際に好きな食べ物のことを考えると、よだれが出ます。私はときどき、頭に貼りついた音楽のメロディーを聴くことがあります。ある程度、私は頭のなかで音楽をつくることができますが、それは、おそらく他の人たちよりも多くの限界があると思います。

MH　私は、これまで、ミュージシャンが頭のなかで実際にメロディーを「聴く」ということを理解できませんでした。さらに、同僚たちからは、心のなかで音符を「見る」ことができるということを学びました。私は、幼いときに、自分が直面していた風変わりなハンディキャップを認識することなく、オペラ歌手になることを選びました。心の耳は、プロの歌手生活を送るために必要不可欠と考えられるものです。しかし、私の頭のなかでは、全く何も聴こえません。メロディーが「聴こえる」のは、ピアニストがメロディーを弾いているその瞬間だけなのです。ピアニストの演奏があれば、私はそのメロディーに合わせることができました。43歳のときに、私が歌ってきた全てのメロディーは、厳密に言えば手続き的記憶であることがわかりました。私の脳が歌の特定の部分につまずいても、そこにはいかなる安全策もないことを実感し、とても恐ろしくなりました。メロディーの流れを「聴くこと」やどの音が正しいのかを「見る」ことには頼れないのです。

そして最後に、メロディーが聴こえない問題よりも、内なるリズムの感覚がはるかに問題です。前の拍子がどうだったのかを覚えていて、次の拍子を予測するという感覚が存在しないのです。そのため、音楽制作にとって必須である時間の経過を内的に制御する方法がありません。メロディーが聴こえなくてもある程度は何とかなるので、私はこれが一番困ります。たとえば、私の伴奏者がピアノのパートと一緒に私のメロディーのパートを演奏してくれても、観衆のほとんどの人たちは、彼女が私を助けてくれていることには気づかないでしょう。

匿名　他の感覚もアファンタジアの影響を受けています。頭のなかで唯一聞くことができる音は自分の声です。音楽や他の声は聞くことができません。音楽を頭に入れることはできるけれど、その歌を歌っている自分自身の声のみを聞きます（歌詞も楽曲も聴くことはできません）。また、頭のなかで匂いや味などを感じることもできません。

JS　私は頭のなかで音声を再生することはできません。味に関する記憶も存在しません。

L　ちょうど、「ヘレン・ケラーみたい」と、自分の経験を引き合いに出しています。私は、見えないし、聞こえないし、視覚障害と聴覚障害があるのです！

KB　私は、頭のなかでほとんど音楽を聴くことができません。音楽に注目すれば、すぐにそれは止まります。声を再現することは決してありません。

JK2　私は、現実に音声を聞いたときと同じように、頭のなかで再生することはできません。頭のなかで「歌ったり」、話したりするとき、基本的に、聞いた音声の性質を自分の声が模倣しているのです。もし、その歌手がガラガラの声であれば、私はガラガラの声の性質で自身の声を「聞く」でしょう。おもしろいことに、私の脳は、たとえそれがワシの激しい鳴き声や馬のいななきのように、私が出すことのできない音であっても、その音を出すために喉に必要なことをさせる「ふりをする」ようです。

私の頭のなかで器楽を再生することは、文字通り「ダン、ダン、ダン……」と私の内なる声が進んでゆき、そのとき、たった一つの楽器にのみ焦点を当てることができます。しかしながら、実際にそれらの音楽を聴くときには、その音楽や声が引き起こす感覚を思い出せます。

私は匂いを想起することができませんが、それらの言葉を思い出すことはできます。私はライラックがつま先をうずかせる「柔らかい」匂いであることを知っています。それは、母と夏の山の日光を思い出させます。私は、腐りかけのチキンの匂いがひどいことを知っています。

それを考えただけで震えるかもしれませんが、私はその匂いを嗅ぐことはありません。

CS2 私の全ての感覚は、アファンタジアの影響を受けています。ここ1年でアファンタジアのことを知りましたが、匂い、味や音を「イメージする」など、他の人たちが他の感覚も再生できることを知ったのは、たった2か月くらい前です。それは、再度、私の心を興奮させました。

私は、頭のなかで音楽の異なったメロディーを再生することができますが、それはとても「静か」で、誰が歌っているのかわかりません。私は、声や楽器の特定の音を再生することはできません。たとえば、ボヘミアン・ラプソディのメロディーやギターソロは思い浮かびますが、フレディ・マーキュリーのようには聴こえないし、ギターもギターのようには聴こえません。誰かがフルートやサックスで演奏していたなら、何を演奏しているのか、私にはイメージすることができません。

私は、完全に、匂い、味や触覚に関する情報を「イメージする」ことができないのです。

第3章　子どもの頃

人は成長するにつれて、自分を個人として定義するための性格、人格特性、能力と好みを徐々に発達させる。しかしながら、一つの単純な問いが数世代にわたって研究者を困らせてきた。私たちは遺伝あるいは環境のどちらによる産物なのだろうか？

研究者がそんなにも遺伝／環境論争に興味をもつ理由の一つは、その答えが、人間の行動を理解し、潜在的に予測することに役立つからである。

遺伝／環境論争は何世紀にもわたって流行してきたが、最近の研究では、実際には、遺伝と環境はほとんどの物事に関連していることが確認されている（どちらかが完全にというわけではなく、単に程度の大小である）。一般的に、私たちが成長するにつれてどのように発達し、どのような特徴をもつようになるのかは、養育と遺伝の両方がおよそ同等の役割を担っているようである。

２０１５年、過去50年間におけるほとんど全ての双生児研究についての比較分析がなされ、人の特性には遺伝と環境の両要因がおよそ同等に寄与していることがわかった。この分野で双生児研究がとても重要である理由は、双子は同じ卵から生まれ、同じゲノムを共有しているからである。つまり、環境要因が重要な役割を担わない場合、一卵性双生児は、どのように育てられたか、一緒に育てられたか、あるいは別々に育てられたかにかかわらず、全ての形質を共有して育つはずだということを意味する。しかし、50年にわたる研究は、これは事実ではなく、双子の成長は実質的には大きく異なるものであると示している。

たとえば、多くの心理特性が環境よりも遺伝の影響を受けているのと類似して、異文化研究のエビデンスは、性的好みが主として遺伝を基礎にしているという事実を明らかにしている。他の特性は、遺伝的に前もって決められたわけではなく、主として、私たちが育った環境の結果として発達するものである。一つの例として、ユーモアのセンスがある（遺伝するというよりは、主として、その人の文化的環境や育った人に影響を受ける学習的な特性である）。一方、知能には遺伝と環境の組み合わせが影響を及ぼす。２０１１年にワシントン大学セントルイス校が発表した研究によると、子どもの知能は母親の援助からかなりの影響を受けていることがわかっている。また、楽器演奏などの活動と学業面での知能との関係に焦点を当てた研究もある。

アファンタジア傾向者に対する遺伝と環境の正確な影響について決めるのは時期尚早かもしれないが、明確なことが一つある。それは、子ども時代は共通の出来事であり（！）、そのなかで、人々は様々な経験や影響を受けているということである。

＊＊＊

アラン　私の成績表を振り返ってみると、学校での全ての年を通して何度も言われたことは、「アランは空想にふけっているようだ」である。自分の成績表にそう書いてあったし、みんなそう言っていたし、両親もそう言っていたので、私もそうだと思う。しかし、何について空想にふけっていたのか記憶がない。私の能力は、年々、変容しているのだろうか、あるいは空想にふける能力は他の人と同じなのだろうか？　空想にふけるプロセスの記憶にアクセスすることが、難しくなっただけなのだろうか？

自分がイメージできないと最初に気づいたときのことを思い出してみよう。

もちろん、過去の記憶を思い出すのは容易ではないが、１９７０年代（１９７６年）のイギリスでは、『レジナルド・ペリンの転落（The Fall and Rise of Reginald Perrin）』[*1]というテレビドラマがあったことを覚えている。そのドラマは、仕事に退屈している男、レジナルド・ペリンの奇妙な振る舞いについてのものであった。とにかく、義母をカバなどの動物としてイメージする癖があった。彼はいつも、義母のことを考えるとき、頭のなかで疾走しているカバの場面を見ていた。私は、そのとき初めて、「なぜ、自分にはそれができないのだろう?」と不思議に思った。おそらく、私には見えないものが、他の人たちには見えるのではないかと考えるようになった最初の瞬間である。そのときは、つじつまが合わないことをよく理解しなかったので、そのことをテレビのなかのものとして完全に捨て去った。テレビ番組が、不可能なことを見せたのだと。

私の心で見えているものを本当に疑ったとき、私には、ペリンの記憶のように明確に定義された回数はそれほど多くない。今となっては、子どもとして、あるいは成長する間に私は心で実際に何が起きていたのかを考えずに、それを単に受け入れていただけなのかもしれない。

中等学校では、テンプラー先生の指導のもと、演劇のレッスンを受けていた。レッスンの一部として、先生は私たちに動物のふりをして、その動物のように舞台の周りを動くように指示した。私は心で何もイメージができなかったので、自分たちが何を期待されているのか決して理解できなかった。他の生徒たちは、私には決して見えないものをイメージしていることも知らずに、ただ、他の生徒たちと同じ動きをしているだけであった。

私は、学校時代の長期記憶がかなり弱くて、アクセスできる情報にも限界がある。しかし、現実世界でアクセスして使用するための心的イメージがないために、混乱して他人をコピーしただけのときがあった。今になってようやく、そのことが理解できた。

＊＊＊

――幼年期や学校時代におけるアファンタジアの影響を解明するのは難しいかもしれない。単純に、ほとんどの人たちがアファンタジアの状態について知らないし、その人たちの仲間やきょうだいのほとんどは視覚イメージを形成することができるからである。アファンタジアは、彼らの学校生活に影響を及ぼしたのであろうか？

ND　アファンタジアの影響はありませんでした。私はいつも、とても良い生徒でした。

CS　わかりません。私が他の人たちと異なっていたのかは、全くわかりません。ただ単に、人生を生きているだけです。

AK　私は他のどんな見方も知らないので、影響の有無については全くわかりません。私は優秀な生徒で、比較的うまくいっていました。今になって思えば、心でイメージを再生する能力をもつことは勉強を楽にするかもしれませんが、今アファンタジアについて知っていることから判断すると、私には補償能力があるかもしれないと思っています。グループ内のほとんどのアファンタジア傾向者は、どちらかというと賢明で成功しているように思うので、そのことを誰が知っているのでしょうか？

匿名 アファンタジアの影響があったとは考えていません。私は、とても優秀な生徒でした。かなり恥ずかしがり屋でしたが、それをアファンタジアと確実に関連させることができるかは確かではありません。私は、創造的で知的なタイプの生徒でした。高校の最終年度では、英語、生物学、微積分、グラフィック（デザイン、建築、製図）、フランス語を学びました。３次元物体について思考するのは、とても得意です。

TS 芸術の時間は地獄でした。先生はいつも私たちにテーマと技法を提示して、実際には模倣できないような例としての絵を見せました。そして、作業に取りかかるように指示しました。

現実に存在する模写体がないと、とてもじゃないけれど描けませんでした。全ての絵は、５歳児によって描かれたようになってしまうのです。比較するための心的イメージをもたなかったので、正しいバランスなど何もありませんでした。

本当に良い絵を描けたのは、実際に模写体を見ることができたたった2回だけです。１回目は存在する絵を再現しなければならなかったときで、２回目は私たちの目の前に座っている人の肖像を描かなければならないときでした。

また、マインド・マップを描くことで、少しも利点を得ることはできませんでした。マインド・マップは、私にとって単なる箇条書きのリストに過ぎませんでした。

L　私は、学生時代、自分がアファンタジアであることを知りませんでした。私は算数が苦手で、小学6年生のときに6分以内に九九表を完遂できる子どもたちを見て驚きました（今考えてみると、それらを暗記したり、計算したりしなければならなかった私に比べて、彼らは答えを視覚的にイメージすることができたためです）。

私は、とても創造的で、芸術的で、英語や文章を書くのが得意でした。小説を読むことは嫌いで、課題図書のクリフノート（虎の巻）を買って読んでいたのですが、いつもA評価でした。単語のスペリングを暗記しなければならなかったのですが、それもよくできました。

私がよく思い出すのは、高校のドイツ語の授業で、私が窓の外を凝視していたとき、先生が私の注意を教室に戻そうとして、「サルが木に登るのを見てないで、勉強に戻りなさい！」と言ったことです。先生が何を言おうとしていたのか不思議だったし、それは変だなと思っていました。あまりにも奇妙だったので、今でも覚えています！

今となっては、自分が視覚的にイメージできない人であることを知っているので、多くの物事をアファンタジアに結びつけることができますが、自分なりに切り抜けてきました。

JR　私は優秀な生徒でした。得意なことは、スペリングでした（小学校のとき、毎回のテストで満点を取っていたので、1学期あるいは1セメスターでさえ満点を取ったこともありました）。地理の成績はとても悪くて、今でも苦手です。それと化学も苦手です。私は、高校と大学でよい仲間に恵まれて、とても幸せでした。

私は、高校時代、幾何学が苦手で、授業中に頭が痛くなることがよくありました。しかし、代数は大好きで、よくできました。私はフランス語を学び、きちんとしたアクセントで発音できました。

アファンタジアは、勉強では私に影響を及ぼしませんでした。私は十分な量のノートはとらず、要点だけをメモしていました。テストなどのために必要なことは暗記していました。いつも、物事どうしの関連をうまくつなげることができました。作文コンテストでも優勝しました。内気であったけれど、リーダー的存在でした。

JT　私は地理と外国語が苦手でしたが、今になってみれば、どちらも視覚イメージが役に立っていたことがよくわかります。歴史は、名前と年代が多すぎて、私には無理でした。数学と科学は、物事を概念化できたので簡単でした（ただし、数学は常に紙の上でなされなければならず、また丸暗記するためにとても一生懸命に勉強しなければなりませんでしたが）。

私の思考の大部分は物語のなかで行われるために、英語は得意でした（ただし、読むときも書くときも、視覚描写的な長いパラグラフは読み飛ばしていました）。私は読書量が多いので、綴りを覚えるのが得意だけど、それは綴りを「見る」ことができるからではありません。何かを書けば、それが正しいか間違っているかが「わかる」のです。実際に見なければ説明できないとしても、再び目にするときには、それらを認識できるのです。実際に見たことのないものを描こうとすることを除いて、芸術もよくできました。

LH　そのときはどうしてなのかわからなかったのですが、目の前に絵がない限り、私は決してそれを描くことができませんでした。私は、場所や場面を想像して書かなければならない創造的な作文を課されたとき、それがとても難しいことであると気づきました。

MB　自分のアファンタジアについては知りませんでしたが、勉強は普通であったと思います。私はいつも、クラスでは賢い子どもだったので、学校は簡単でした。

AS　私はときどき、先生が、目を閉じてこれこれのものをイメージして、と私たちに指示しているワークシートや練習問題を思い出します。私は実際にイメージを「見る」ことが全くなかったので、そのような練習問題の最中に集中するのは少し困難がありました。私はみんなもそうなのだろうと思っていました。私は、ビーチがどのように見えるか知っているし、それを説明することもできます。単に、それらについて考えるだけです。しかし、イメージは現れません。

TM　私は、スペリングや数学がぞっとするほど嫌でした。簡単に文字のパターンを覚えられるとは思っていなかったので、読み方を学ぶために多くの時間を使いました。しかしながら、一度その読み方を間違えると、それがまた出てきたときに、ほとんどの場合、間違いました。

学習初期のトラブルのために、私は他の人たちよりも利口ではないと考えるようになりました。本格的な学習者になるために、大学2年生の中頃までかかりました。大学院に行く頃には私はシステムを理解したし4・0の成績で卒業しました。知的な人として自分自身のことを考えるには、多くのことが必要でした。今でも自分を疑うことがあるのは、初期の学習の問題のためです。

VD　私はそれを感じたことはなかったのですが、後から振り返ってみると、私の記憶の仕方は、自分がよくできた分野（科学、数学、歴史）と関連している傾向にあり、他の分野における短所（私は、フィクションをおもしろいと思うことがなかったので、英語はお粗末でした。また、幾何学は代数のように多くの作業を心的に行うことができなかったので、イライラしました）についても説明できるかもしれません。

振り返ってみると、1年生のとき、心をすっきりさせるエクササイズを欠席したことを非難されました。私は目を開いて、彼女が話すような砂浜は、私には見えないことを伝えると、彼女は私に対してエクササイズに参加して挑戦するように言いました（彼女は何も知らなかった）。私が成長したとき（おそらく15歳のとき）、人によって見ているものが違うのだと感じました。しかし、単に、自分が風変わりな子どもなのだと思っていました。

RH　丸暗記、それは耐えられないし、できません。単語帳は私にとって意味がありません……。今になって、なぜなのかわかりました。

JC　振り返ると、私は物事を機械的に覚えることは容易でした。どんなに一生懸命に試してみても、時間割り表の全てを覚えることは決してできませんでした。

MR2　学校の授業は、暗記を必要としない限り、私にとってほとんどの場合は容易でした。かろうじて授業をクリアした地理学については、かなり努力しました。しかし、他のクラスメートにとっては、問題はなかったようです。私は、最初、難しい先生にあたったのだと考えましたが、他の人にとってはどのくらい容易な授業なのか、理解できませんでした。私は芸術も苦手で、心のなかで思い浮かべられないし、創造性も欠けていました。

AT　奇妙なことに、私はいつも空想にふけることに困っていました！　私がぼーっとしているとき、イメージを想像していたと思ったことはありませんでした。ただ、考えごとをしているのが好きだったのだと思います。一度、集中すると、私は優秀な生徒だったのですが。私は、全国統一試験制度（GCSEs）を受けたときに、アファンタジアについて知っておきたいと思いました。そのことは、勉強をより容易にしたに違いありません。先生に決められた方法を無理に使おうとするのではなく、その場しのぎでもよかったのです。

BM アファンタジアは、自分が知っている限り、ほとんど影響を及ぼしませんでした。私が覚えている唯一のことは、九九表の記憶が大変だったことです。横の列の端にある数字と縦の列の端にある数字を組み合わせて、ランダムなように見える3つ目の数字を生成するという考えが、私には理解できませんでした。先生は、私たちに九九表を記憶するように指示しました。今では、それを「心にある九九表を見なさい」と解釈します。私は、九九表が実際には何を意味するのか独学しなければならなかったし、そして、意味のある計算を素早く行わなければならなかったのです。たとえば、6×8は単に48ではないことを学びました。実際には、8を3つ含むものが2つある場合（＝24＋24）、8を2つ含むものが3つある場合（＝16＋16＋16）、6を2つ含むものが4つある場合（＝12＋12＋12＋12）などです。心のなかで九九表を見ることが全くできなかったので、その課題と明示的な数字どうしの内的関係を詳細にするような他の方略を発達させなければなりませんでした。

MC 私は、今になって、なぜ暗算が「できなかった」のか理解しました。暗算は、私にとってはとても不可思議で、不可能な概念でした。当時の私は（先生も）、その過程のためのカギとなる要素が欠けていたことを知らなかったのです。

MH 確信はありません。そして、まだそれを理解しようとしています。

ST 読むことは、いつも遅くて大変な作業でした。

ML　私は、日付や事実を覚えることができません。これは、学習環境においては最悪のことです。しかしながら、私は貪欲な読者であり、生まれながらにして読む能力があったと思うほどです。読めなかったときのことは覚えていません。これは、今となっては、「見える」人たちの頭のなかにはもっていないと思われる心の穴を満たすための素晴らしい手段でした。読書をしていると、たくさんの情報が浮かんできて、それが必要なときに「ぱっと」出てきます。事実や数字にアクセスすることはできないけれど、直感的なひらめきがあるので、私は他の人たちよりゲームの先を行くことができます。

MU　出来事に関する記憶はありません。２年生のときの友人が、私の記憶の何が悪いのかを尋ねました。歴史の日付を覚えることは不可能でした。数学は難しかったです。

PW　アファンタジアの影響はほとんどありませんでした。私の「視覚イメージ化」の形式はパターンや概念であるため、数学、科学や文法は容易にできるし、読んだ物事についての記憶力も優れています。

しかし、振り返ってみると、いくつか困ったこともありました。たとえば、小テストの採点のために互いのプリントを交換するとき、先生に正しいスペルを何度も言わせなければなりませんでした。私と先生は、私が全てのスペルを正確に書けることを知っていたので、２人にとって迷惑なことでした。しかし、他の人のプリントをチェックしているときに、彼女が言ったことの数文字しかたどることができませんでした。

SB 私は、本当に幾何学が苦手で（視覚的思考が苦手なので）、芸術についてもうまくできなかったために、自分にとってうまくいく勉強法を見つけていたので、ほとんど影響はありませんでした。

SC 私は、学校を卒業するまでアファンタジアについて知ることがありませんでした。振り返ってみると、英語の単位を落としたのは、確かにアファンタジアのせいでした。視覚イメージが必要とされる以前は、英語が得意でした。短い物語を書くように指示されるのですが、イメージの描写がないので、先生は低い評価をつけてしまうのです。読書をしていてもイメージを使うことがなかったので、文章を書くときにもイメージを挿入しないようにしていました。

私は、スペルを覚えるのが苦手でした。単に、単語のスペルが正しいか、あるいは間違っているかは、すぐにわかるのですが、自分が間違ったスペルを書いてしまった場合は、それを修正できなくなってしまうのです。

＊＊＊

――大人になってから振り返ってみると、「違和感」とは、人々の努力や理解が、その周

囲で見たものや経験したことから少しばかりずれていることを意味している。もちろん、根本的な原因は多くの要因から生じるかもしれないが、いくつかの違和感が続くような印象を残してしまう。必ずしも、それがアファンタジアというわけではないが。

JR　私の最初の違和感は、高校に入学する前の知能検査に回答しているときでした。私が13歳の頃です。ご存じのように、検査の一部に「空間推理能力」に関するものがありました。私は完全に窮地に立たされました。それで、検査者のところに歩み寄り、「この検査項目で私に求めていることは何なのかわかりません」と言いました。彼女は、「教示を読めばよいのです」と言って助けてくれませんでした。

私は、全ての答えを推測しました。今になって、この課題ができなかったのはアファンタジアのせいだとわかりました。アファンタジアの定義は、私がなぜこれらの能力に困難をもつのかを理解するのに役立ちます。

ML　他の10代の女性がヒーローや歌手、俳優を崇拝したとき、私はそれを「理解する」ことができませんでした。会ったこともない誰かに対して恋に落ちることはできなかったし、写真に対してうっとりすることもありませんでした。私もそのようなふりをしようと頑張ったのですが、最後には諦めました。私は、「そこに」いるものとだけ交流することができます。恋愛のような「作り物」には現実味がありません。

JA 違和感は、私の人生の全体を説明します。笑ってしまいますが、真実です。

私は人間全体に苦手意識をもっています。まともな人たちがいることは知っていますが、率直に言うと、人間は不道徳で利己的であると感じています。私は、ペットと子どもだけで森のなかで生活したいといつも考えています。でも、私は心から人々を愛しているのです、とても痛いほどに……。

私たち人間は、どうでもよいと感じる物事を価値づけようとする傾向があります。成功、物質的財産、肉体美、人気やその他の数えきれないほどの真実ではないもの、そして、私たちが亡くなるときに残していくもの。人々は、他の人から多くの要求や期待を受け、自己改善あるいは正直な内省さえもほとんどしません。

PW 私は、とても賢いけれども常識がないと言われてきました。今思えば、それは、自分が他の人たちと同様に何かを「見ていた」ということの違和感だったのだと思います。

MH 声楽の先生は、これまで出会ったなかで私が最も努力した生徒だと言いましたが、耳のトレーニング、初見歌唱、音程などの音楽的才能はほとんど向上しませんでした……。

私が唯一得意としていた（今でも得意としている）ことは、しっかりとした声帯テクニックの筋肉的な複雑さから成る声帯そのものです。

私の人生のほとんどは、私が努力したものを得ることができず、「得るはずだった」というものです。全てがアファンタジアに関係するわけではないのですが。

匿名　私は15歳のときに、みんなのように十分には顔を覚えることができないことを認識しました。これは、テレビや映画を見ているときで、前の場面で見たことのない人がいて、その人が誰であるのか、尋ねなければならないことがあったからです（特に、背が低くて、ブラウンの髪をした白人男性など）。

TM　他の人たちがイメージの能力をもっていたか不明だったので、私はアファンタジアのせいで違和感があったかどうかはわかりません。しかし、自分が友人やきょうだいのような学習能力をもっていないことは知っていました。ただ、私は、自分がそれほど知的ではないと知っていたし、宿題や試験に時間がかかり過ぎたので、かなりイライラしていました。

RW　そうではありません。私はいつも、「それで良い」と思っています。瞑想を例にすると、今では私の経験が完全な空虚なものであると理解できますが、当時の私は、要は素晴らしい物事を考えることだと思っていました。ただ、瞑想は一部の人には影響が大きいのではないかと考えました。私は、早い段階で物事の影響の仕方は人それぞれであることを受け入れていたので、それを無視していました。

JT　振り返ってみると、本を読んだ後に映画を観て、そのキャラクターが「思い浮かべた」

ものと違うと話す人がいて、いつも不思議に思っていました。私は、一度も、そのような問題を抱えたことがありません。

L　私はタイミングが合わないのです！　小学校から高校まで、チアリーディングや舞台での芝居、リズムやタイミングを取ることがすごく下手でした。私は、よく恥ずかしい思いをしました。

11歳のとき、独学でギターを練習していました。他の曲は演奏できなかったので、最初から自分で曲を書きました。私は作曲にこだわり、レストランやコンクール、結婚式場で演奏して歌ったり、コンテストに出場したりしました。でも、アファンタジアについて学んでから振り返ってみると、他の人たちは実際に頭のなかで音楽を聴いたり、カウントをとったり、イメージを見たりしているのだと気づきました。私はそれをどのようにしていたのかわからないのですが、それは情熱でした。

MU　公共の場で知り合いに会うと、その人たちを思い出せなかったり、認識できなかったりして、心地よくない思いをさせてしまうのではないかと不安に思って、避けてきました。これは子どもの頃にまでさかのぼります。

LH　学校での折り紙の活動では、どうすればよいのか忘れてしまうので、私は泣きながら取り組んでいました。私にとって、動作はいつも難しかったです。たとえば、ダンスや動きにはいつも遅れるし、ステップを維持したり覚えたりすることはできませんでした。

TM　ときどき、複数の段階で指示が与えられるとき、私はかなり混乱してしまいます。私は、指示されたことをどのように行えばよいのかについて、他の人たちは知っているということを理解できました。でも、どのようにすればうまくいくのか、私には理解できませんでした。

JK2　私も抽象的なことについて問題を抱えています。子どもの頃、私は5つの項目を見せられました。4つは様々なデザートで、1つは野菜でしたが、仲間外れのものを1つ選択しなければなりませんでした。それぞれが全て異なっていたので、それを答えることができませんでした。そのうちの1つはパイの皮で、1つはコーンで、1つはサクランボで……異なるものは野菜であるということに私は全く気づきませんでした。

同様に、私は複雑なパターンを予想するのも苦手です。たとえば、知能検査では、ランダムで関係のない形を見せられて、次の形を描くように求められます。次の形が何なのか、私には見当もつきません！

RH　スペリングができませんでした。技術が発達して、いたるところでスペルチェックができるようになったのは、ありがたいです！　私は、文脈なしで物事を記憶することに、本当に苦労しました。歴史の年代のリスト、国や国家、九九表などを覚えることはできませんでした。私は、本当に本当に一生懸命やったか、大失敗したかのどちらかなのです！

DG　私は、どうやって人生を過ごしてきたのでしょうか、何かが「正しくない」ことに気づかずに？　これまで、どうして他の誰かが指摘してくれなかったのでしょうか？

＊＊＊

——違和感という考え方とともに、特にきょうだいや仲間との初期の関係におけるアファンタジアの強い影響については多くの関心を集めている。もちろん「違和感」と同様に、多くの人たちは、アファンタジアとは関係のない理由で、仲間や家族とは違っていると感じるかもしれない。

RH　私は異なると感じましたが、なぜなのかはわかりませんでした。

DS　私はいつも異なると感じていました。私は違うことは普通であると思うので、アファンタジアとは関係がないと思っていました。

LH　私はいつも、人生において多くの人たちとは異なると感じていましたが、それがなぜなのか確信はありませんでした。どのくらいアファンタジアと関係しているのか、私にはわかりません。

JA　そうですね、私の兄弟はかなり頭が良いのです。私が絵本を読み終えるのに苦労しているとき、彼は8歳で百科全書や大人が読むような著書を読んでいました。私は自分がバカなんだと思って育ちました。私はいつも人と違うと感じてきました。

MB　私はいつも少し違っていると感じます。他の人が思うよりも、多くのことを考えています。

RW　ある程度、誰でも、ちょっとした孤独を感じることはあるのではないでしょうか？　私は社交的に振る舞うことが苦手ですが、それは単に社会不安のせいであり、アファンタジアではないと考えています。私の知る限りでは、他の人よりも少ないと思います。

ST　私の一番上の兄は本当に快活で才能があり、学習速度も速く、チェスやピアノなども優秀でした。そして、数学の先生が、私にも兄と同じくらい才能があることを期待していることに気づきました。私は、先生を失望させなければなりませんでした。

CS　全くそれはありません。私は、今でも何か違っているとは感じません。

MC　いいえ、私は、きょうだいや友人と何か異なっていると感じたことはありません。その点については、私は異なるという思いは少しもしていません。

ML　そうではありません。きょうだいのうち何人かはイメージを「見る」ことができません。私の親友はイメージを見ることができて、彼女はとても感情的で、人恋しくなるところが、私とは異なると感じます。

PA　いいえ。父は画家とカメラマンであり、姉妹は建築家になりました。私たちはイメージに囲まれていました。それらは私の頭のなかにあり、私は視覚的記憶が強いけれども、目を閉じても、それらを「見る」ことはできません。

PW　アファンタジアのせいではありません。ところが今は、私の社会的な不器用さの多くは、内向的であるということと同様に、あるいはそれ以上に、おそらくアファンタジアのせいであると理解しています。

MR2　私は想像力を欠いていて、ごっこ遊びや創造を必要とすることを楽しめませんでした。私はたいてい、同年齢のほとんどの子どもたちと同じように楽しむことができなくて、結果的に仲間外れにされることが多かったです。

BM　得意なこともあれば、苦手なこともあり、そのことは私を同級生から遠ざけました。私は、結局、バイセクシャルであることを公表したので、そのことも私に他の人と違うという感情を生じさせました。私は、貧乏なひとり親家庭で育ち、そのことも異なっているという感情を生じさせました。

しかし、絵や音、匂いなどが頭のなかにないので、異なっているという感情を抱いたことがありません。

TS　アファンタジアのせいではありません。私はいつも、「賢明な子ども」で、他の人と違っていることのほとんどは、そこからくるものでした。

匿名　ひょっとして、ごっこ遊びについての戸惑いはあったかもしれませんが、他人と一緒に遊んだり、一人で遊んだりすることをやめてしまうほどではありませんでした。内気であることは別として、私はそうは思わないのですが？

JK2　私は、他の人たちと異なるイメージの経験をしていたことに気づいていませんでした。私には活動しすぎるイメージがあって、かなり創造的であると常に言われてきたので、アファンタジアが私に対してネガティブに影響を及ぼすことはありませんでした。

JK　いいえ。私がアファンタジア以外の何も経験してこなかったので、それは私に異なると感じさせることはありません。

L　私には3人の姉妹がいて、2人の姉と1人の妹です。私は違いを感じませんでしたが（今も感じませんが）、今となっては自分が目を閉じたとき暗黒になるという違いがあることを知っているので、違っていた（違う）ことをたくさん認識しています。彼女たちに聞いてみましたが、みんなイメージができる人たちです。1人はグラフィックデザイナーで、もう1人は造園設計家、もう1人はいつも自身の家のデザインで壮大な考えを抱いています。彼女の夫は、それをヴィジョンのような大きな「V」と呼んでいます！

訳注——

＊1　レジナルド・ペリン（Reginald Perrin）：同番組の出演者の一人。

第4章　想像力

イメージや視覚化を必要とせずとも人々が創造的でいられるのは自明のことであるが、一般的な想像力の定義は、創造と想像の両方に関連していることが多い。ある面では、想像力は、出来事を（感覚によって）処理し、認知的に評価し、その後に記憶を定着させるという知覚とは逆のプロセスと考えられる。

それに比べて想像力は、自分のなかにある情報を再処理および再パッケージ化することで、問いや議論に対する革新的な考え、結果や解決策を生み出す。これらの認知段階を超えて進歩すること（感覚知覚や表象を形成すること）は必然ではない。

想像力は、個人的な経験によって形作られることが多く、子どもの頃のことからもかなり影響を受けている。

＊＊＊

アラン　私には想像力があることを知っているが、心のなかで物事を視覚的にイメージできないということとは矛盾するのではないだろうか？　想像力は単なるイメージ以上のものであると思う。私の場合、それは複雑なシナリオを考えるための心的能力であると信じている。そう、私は起きているとき、モンスター、悪夢のような動物などを想像することはないが、私の想像力は、アイディアや問題解決に向けられていると思う。

ある定義によると、想像力とは、「感覚には存在しない外界の対象物について、新しいアイディアやイメージ、概念を形成する能力や行為」である。

小さい頃、私は想像力が豊かで、ベッドの下や洋服ダンスの中など、他の全ての場所に何があるのか考えては怖がっていた。私が両親にそれらを調べるように強く求めても、両親は何も見つけてくれなかった。私は、心のなかにあるものと現実の世界にあるものを分けることができなかった——私にとっては、それらは現実の世界でしか起こらないことである。

私は、本当は、自分の趣味で読書を楽しみたいと思っていたが、現実には、なかなかできなかった。私はフィクションを読むのが好きだが、書かれた物語を視覚的にイメージできないので、いつもページ上の単語と格闘している。文字を読むだけでは、物語についていったり登場人物を理解したりするのに必要な視覚イメージが浮かばない。

私がどのように読書をしなければならないのかを説明すると、物語の複雑さや登場人物の数に応じて、同じ段落を2～3回読まなければならない。また、いくつかの言葉の意味をじっくりと考えなければならず、何が起こっているのかを理解するまでに長い時間を要する。読書の進捗状況は、そのページにどのくらいの文字があるかに依存する。ページをめくると、すぐにさっき読んだ内容を忘れてしまうことがよくある。心のなかが全体的に真っ白になって、もう一度ページをめくるのに十分な記憶があるかどうかを確認するために、そのページを再度読まなければならない。

私は、フィクションよりも、事実に基づいた物語のほうが理解しやすいようだ。

フィクションとノンフィクションの違いは、実際には何を意味するのだろう？　それは、私が既にテレビ番組で見たことのある物語を本で読むのは簡単だということを意味する。あるいは、その物語に密着した映画のように。物語は全く同じでなくとも、私の心のなかでつながりをもてる程度には十分に近いものでなければならない。これは、おそらく人々が普通求めることとは逆のことだろう。たいていは本を読んでから映画を観たいと思うのだろうけど、それは私には無理であるとわかっている。

ある程度の本は読むことができるが、その労力は、私が読もうとしている物語や本に対する予備知識と反比例している。話の筋や登場人物をよく理解していれば、安心して読み進めることができそうである。しかし、話の筋や登場人物についてほとんど知らない場合は、第1章を読み終えることができずにイライラして諦めるだろう。要するに、何を読めばよいのかという厳密なルールはないと思うが、これまでの経験や苦労から自分の限界を知っている。

＊＊＊

――この本の寄稿者から光を当てられたことの一つとして、いかに多くのアファンタジア傾向者が想像的、創造的であるかということがある。反対に、他の人たちはアファンタジア傾向者の想像には限界があるとも感じている。

MB2　私は、想像力が豊かで、アファンタジアがそれに影響を及ぼしているとは思っていません。自分がアファンタジア傾向者であることを知る前は、想像力が視覚的なプロセスであるとは考えもしませんでした。単に、より抽象的な感覚で概念を思い浮かべ、私の想像力の赴くままに他の要素や概念を心的に追加してきました。それにイメージは必要ありません。それらは、視覚的ではありません。イメージではなく、アイディアや概念です。私はしばしば、アイディアの図式、フローチャートのようなもの、あるいはベン図表を視覚的にイメージできます――それは、基本的にアイディアの空間的な構成です。しかし、これらは単純で不鮮明なイメージであり、それが大きな違いだと思います。私の想像には、物理的な色や複雑な形は存在しません――これらのアイディアは、いつも単に「アイディア」なのです。

JR　この分野における私の強みは、自分の経験と勘を頼りにすることで、物事の新しい方法を思いつくことだと思います（話をしているとき、調査を実施しているとき、人と接しているときなど）。私は、批判的思考者でもあります。哲学的に説明することが好きです。

私は、問題を解決したり、新たなアイディアを考えたり、他の人たちとコミュニケーションをとったりすることが得意です。それは、口頭でも書面でも同じです。また、私は好奇心が強いので、それが役に立つと思います。新しい物事に挑戦するのが好きです。

VD　私はとても想像力があります。アファンタジアはそれに影響しているかもしれませんが、あまり影響していないかもしれないし、あるいは、ある点では影響しているかもしれません（私は、想像を紙に描くことがどうしてもできません）。

PA　私は、映画監督と映画脚本家の仕事をしています。私が物語を語り、それで映画を制作していますが、それらは現実のこと、他の映画、イメージや本などから覚えていることに基づいています。私は、あちこちの断片を使って新しい意味を創造することが得意です。

L 私は、すごい想像力をもっています！　とても創造的です。創造しようとしているものを見ることができないので、私の暗闇が創造に影響を及ぼしていることは間違いありません。私の場合は、バランスがとれているかどうかを参考にしています。

私は、直観とインスピレーションを参考にします。私がクライアントのためにデザインをしているときは、思考のようにアイディアが出てきます。私は、「アイディア」に従うということを学んできました。そのことは、大きな成功をもたらしてきました。

MR 私は、物語に対するとてもよい想像力をもっています。私は物語や詩を書き、多くの作品を出版してきました。文章や言葉の分野では問題なく機能します。私は、現実世界で物事がどのように見えるかをイメージできません。たとえば、部屋に要素を加えたらどうなるか、作品を組み立てたらどうなるか、をイメージできません。

MU 私はとても優れた想像力をもっていますが、それは主として言語的なものです。私は、詩人であり、他にもいろいろなものを書いています。

私は、自然のなかで、芸術的な美しさや自然の美しさを観察するような視覚的な経験に異常に刺激を受けます。私の反応は、これまで出会った誰よりも非常に劇的です。それは、自然界を目の当たりにすると、いつも衝撃を受けるからだと思います！

PW 私は、概念やパターン、さらに哲学的あるいは抽象的な物事に対してかなりの想像力をもっています――が、明らかにイメージを視覚化できません。したがって、アファンタジアは想像力がない、あるいは「心の目」がないと説明されているのを好みません――それは、感覚的な視覚化の欠如です。

それは、概念やパターンという形で現れます。私は、簡単にパズルを解いたり、道案内をしたり、抽象化したりできます。また、ソフトウェア開発者として高いスキルをもっていて、他の人よりも簡単に解決策を見つけることができます。

AT　私は作家であり、芸術家であるので、想像力はかなり豊かです。私は、叙述的な言葉で想像した絵画に取り組もうとしているのですが、それを描くときには参考になるモデルが必要で、キャンバスに現れた絵画を見ながら絶えず調整して試行錯誤をしています――というのは、私がそれを見るのは初めてだからです！

RW　私は、概念やアイディアを思いつき、それらを結びつけることが得意です。これらの概念を発展させることも得意です。

AK　豊かな想像力ではなく、ある程度の想像力です。何かを想像するときには、段階的なプロセスを踏むように取り組まなければなりません。それが絵あるいは映像の形式で生じるだけでもよいのに……と想像してしまいますが、それはイメージではありません。それは、もっと理論的、理屈的です。

JA 私は、自分がずっと想像できると思っていましたが、創造と想像が異なることを理解したので、今となっては笑ってしまいます。SF映画はその世界を**見る**ことができるので好きですが、SF小説はその世界を視覚的にイメージすることができないので、私にとっては本当に難しいです。私は、かなり鮮明で、カラフルで、時には不安になるような夢を見ます。

AS 私は、以前は想像できると思っていましたが、今となっては確信がありません。母はいつも、私がかなりの想像力をもっていると言ってきたし、私は、自分のバービー人形たち、あるいはそんなものに対して、とんでもないシナリオを考え出していたのかもしれません。しかし、私は、息子のような鮮明な想像力をもっていません。だから、アファンタジアが明確に影響を及ぼしていると考えています。

JK2 私は、［自分の想像力が］概念に大きく依存していると思います。私は、心の暗闇のなかに、目に見えない俳優を使って、見えない「セット」を作ります。それから、言葉や概念を使って命を吹き込みます。言葉には、様々なものが付随します——それは、視覚だけではありません。つまり、私の見えないセットは「みすぼらしいナイトクラブ」で、この言葉に付随する感情、音楽、匂い（私は、匂いを嗅ぐことも聞くこともありませんが、そこにあることは知っています）を全て含んでいるのかもしれません。

それから、その場面を最後まで演じさせるために、以下の言葉を使います。

「スタンは2階の手すりを飛び越え、1階に激しく落下し、よろめきながら椅子を引き倒して進んでいく」といったように、見えることのない「スタン」という登場人物をA地点からB地点へと心的に移動させます。説明するのは難しいですが、私にとってはちょうどいいです。これは、私の頭のなかで台本がどのように展開するかということでもあります。

AY　「私の想像力は」かなり優れています。しかし、私が絵を描いているとき、何か新しいものを創造することはできないと理解しています。私は、コピーしかできません。

GD　「私の想像力は、」視覚的思考の友人のほとんどが思いつかないようなものを組み合わせて一つにすることができます。

GD　私の想像力は、まるで主にロール・プレイングゲームの登場人物、話の筋、想像上の冒険家「のようです」。

JK　私の想像力に問題はありませんが、創造的な人間ではありません。

MH　私がもっているものは、非常に衝動的で自発的なもので、ほとんどが大げさなユーモアで構成されています。アファンタジアはそれに影響を及ぼしているのでしょうか？　そうです、アファンタジアでは、私がイメージすることの良し悪しを判断することができないし、あらかじめ「表出する」こともさせてくれません。

ML　想像力が乏しいのは、私が絵を見ることができなくて、何も創造できないためだと思っています。私は、工芸品を作るのは得意ですが、同じ作業を繰り返すことはできません。どのように製作したのか思い出せないのです。私の作品は全て一点物で、当たり外れが大きいのです。

MR2　私には想像力はないと感じています。

JS　私は、言葉やシナリオを考えて、それを説明するための動詞を連想します。

MC　単に考えているだけです——言葉、概念、会話やアイディアなどです。私には夢想や空想はありません。私が想像力を使うのは、事実に関することや意図的なことであり、主に計画を立てるためです。

ST　私は、新しい情報と古い情報を結びつけて、不思議に思って知りたがる心をもち、新しいアイディアや概念を提案します。

TM　私の場合、それは物語の形で現れます。それは聴覚的なものであり、私が最近読んだり、聴いたり、見たりした物事から引き出されます。

TS　私は、かわいいスカートのアイディアを思いつきます。それを縫ってみないと、私のアイディアがうまくいくかどうかわからないので、その時点で変更しなければならないことも多いです。

ND　私は、ありとあらゆる馬鹿げたシナリオを作ることができます。私には、それが全く見えません。

＊＊＊

――「私はフィクションを読むのが好きだが、書かれた物語を視覚的にイメージできないので、いつもページ上の単語と格闘している」とアランは書いた。アファンタジアは、本や読書の楽しみに対してどのような影響を及ぼしているのだろうか？

MU フィクションを読んでいても楽しくありません。私には、作家が描写したものがどんなふうに見えるのかについて内的経験がないし、複雑な筋書きを追うことは不可能です。

CS 過度に叙述的な本は楽しくないです。内容を見失ってしまい、何度もその段落を読まなければなりません。でも、本当に楽しめる本もあります。だからこそ、映像化されたものは、言葉に命が吹き込まれているのを「見る」ことができるので楽しめるのだと思います。ノンフィクションには問題なく没頭することができます。

AK もしかして、アファンタジアは、私が好んで読む本の種類に影響を及ぼしているかもしれません。他の人たちのように、視覚に関する長い叙述は、私を退屈させます。

KB フィクションの本を読むのが大好きで、物語や登場人物にすっかり夢中になってしまいます。特に、『指輪物語』や『ハリー・ポッター』のようなＳＦやファンタジーを愛しています。

L 私は、フィクション、特に登場人物の身体的特徴を長々と説明するようなものは好きではありません。科学やスピリチュアルな本は楽しいです。概念を理解できない場合は熟考します。私は、アインシュタインや理論物理学者としての彼の思考実験について学ぶことが楽しかったです。私は、確かに数学が苦手でしたが、思考においては壮大な概念を探ることができます。同様に、ニコラ・テスラ（Nikola Tesla）、バックミンスター・フラー（Buckminster Fuller）、エドガー・ケイシー（Edgar Cayce）についての本を読むのも楽しいです。私のデザインのアイディアは、宇宙探査ほど壮大ではありませんが、私の能力は他の人の能力と同様の活動領域から生じると信じています。ほんのちょっと、違うだけです。

JC 私は読書を楽しみますが、叙述的な部分は速読します。本を映画化する際には――頭のなかに詳細な風景があまり入っていないので楽しめます。そのため、たとえば、『ハリー・ポッター』を本で読んだ後に映画を観ると、物語と同様に風景も楽しめるように想像力が膨らみ、楽しむことができました。

TS 私にとって、叙述的な文章はほとんど役に立たないし、心的にも完全に読み飛ばしてしまいます。私が気にする部分は、行為やセリフです。

AS2 私は読書を愛していて、週に1冊かそれ以上は読んでいるのですが、後になってその本の映画を観ない限り、場面や人々がどんなふうに見えるのかイメージすることはできません。

MR　私は本を愛しています。叙述を視覚的にイメージするのではなく、心的には物語の一部として受け入れています。

MR2　私はフィクションの本を読むことが好きですが、説明が長かったり、時間軸や登場人物などが大きく飛び交ったりしないものが好きです。大人向けというよりは中学生向けに書かれた本を好むことが多いです。また、複数のシリーズの本が存在する場合、シリーズ全体が揃うまで待ってから、全ての本をさかのぼって読みたいと思っています。もし、次の本が出るまで数か月から1年待たなければならないとなると、既に読んだ本はほとんど忘れているでしょうから、再読する必要があります。ノンフィクションは、あまりにも無味乾燥でつまらないし、すぐに興味を失ってしまいます。また、あまりにも叙述的な言葉が多いと、興味を失くして読むのをやめてしまいます。

JK2　私は本が大好きです。私は文字をつなぎ合わせて言葉にすることができたときから、熱心な読書家でした。子どもの頃、夏のほとんどは図書館で過ごしていました。私は、小説家を目指しています。一日中、読書をするだけでお金がもらえるなら、そうしたいと思っています（その代わり、私は司書の仕事をしています）。アファンタジアは、私が本を楽しむことに対して全く影響を及ぼしてこなかったと言いたいです。確かに、視覚的に物語を経験できるのは素晴らしいかもしれないけれど、損をしているとは感じていません。

私はフィクションが好きで、そのなかでも、ファンタジーやSFを好んできました。フィクションは生き生きしていて感動的である一方、ノンフィクションは無味乾燥で不毛に感じます。

JL　私はたくさんの本を読むし、読書を愛していますが、長くて詳細な叙述は嫌いです（私の心に負担がかかり過ぎるし、理解することなく、単に自動的に読み飛ばしてしまいます）。私は、単純で短い叙述が好きです（それらは、私が世界をセットアップするのに役立ちます）。しかし、セリフが多くて描写が少ない本には、うんざりします。

私が読んだのはほとんどがフィクションで、そのほうが楽しいからです。この好みが想像力と関連づけられているとは、考えたこともありませんでした。

MC　私は読書を愛しているし、いつも読書をしています。私は、多くの人たちが読書によって得ているのは、主に心的イメージであることを今まで知りませんでした。しかし、私は、フィクションのなかで登場人物に関連しない冗長な叙述を読み飛ばす傾向にあります（景色、建物、部屋、衣服、身体的外見など）。長くて、ごく僅かな詳細は、私にとっては無益です。私は、人物や場所の基本的な視覚的属性を理解することでなんとかなるのです。フィクションが好きです。私は現実世界に住んでいるし、現実世界の物事を経験しているからです。ほとんど楽しみのために本を読んでいるので、現実世界のことよりも他の物事について読むほうが好きです。

匿名　起こっていることを心の目で見ることができないのは少しばかり悲しいですが、自分の頭のなかでは何かが起こっていて、本に夢中になれるのは確かです。私は、展開が早くて、登場人物が主役で、示唆に富んでひねりのある小説を好みますが、文学的あるいは古典的作品もよく読み、楽しんでいます。私は、若い大人向けのフィクションをたくさん読みます（それらは、展開が早くて、登場人物が主役で、示唆に富む傾向にあります）。詩は、最低でも2回は読まないと意味がわかりません。

私は本の虫です。子どもの頃、友人と遊ぶために家に行ったのに、その代わりに本を読み始めたときは、友人を苛立たせたでしょう。私の母（視覚的にイメージすることができる人）もまた、本の虫です。

私は、ノンフィクションよりもフィクションを読むほうがはるかに多いです。おそらく、フィクションは現実逃避であり、ノンフィクションは仕事のように思えるからです。しかし、ノンフィクションを読むと、そのおもしろさに驚かされ、なぜもっと読まないのだろうと思うことがあります。そのため、何かの理由で、おそらくちょっと偏見があるのかもしれません。

AY　私は、文章のスタイルのせいで、特定の作家の本を読むことができません。アシモフ[*1]は物事の説明に多くの時間を割いているので読めないし、私はたいてい、読むときにはそのようなものは無視します。いずれの登場人物も場所も、どのように見えているのか、私には全くわかりませんが、それも気にしません。ただ読書が楽しいだけです。

MH　読書は苦痛です。何を読んだのか思い出せないのです。それは、8～10語ごとに、そのうちの4分の1の単語の意味がパッと思い浮かぶような気がします。

DS　私は読書、特に、フィクションが好きではありません。私は大衆向けの本が好きですが、物理的には読みたいと思わないので、オーディオブックのコレクションをたくさん持っています。

BM　私は、とても小さい頃から読書を始め、生涯を通じて、本の虫になっています。私は、本の中に「没入する」ことを愛しています。本を読んでいると、現実世界を意識しなくなり、心のなかに代わりとなる別の世界が形成されます——絵や音楽などがあるわけではありませんが、いずれにしても非常に豊かです。

フィクションは、自分では考えもしなかったようなことを考えたり、結びつけたりすることができるので、私は好きです。それは、代替となる現実や見方を概念化するのに役立ち、異なる状況において代替となる感情を考慮するのに役立ちます。私は研究者であり、仕事でたくさんのノンフィクションを読みます。それは専門職のレベルでは楽しいものですが、個人的／感情的／創造的レベルでは、私の視野を広げる機会は与えてくれません。

AS　「アファンタジアは」全く影響を及ぼしていません。私はいつも、読書を**愛して**います。私は、本当に本に夢中なのですが、私が物事を視覚的にイメージできないと知って驚いた人もいたようです。でも、アファンタジアのおかげで、本を読むのが速くなったに違いないと思っています。夫は、本を読むのにひどく時間がかかります。本を読むのに夢中になれば、一日中でも、あるいは午後にでも本を読むことができます。

私は、主にポッドキャストを聴いています。ポッドキャストを愛していて、特に『トゥルー・クライム』[*2]が好きです。

RH　そう、いつも［ポッドキャストを］聴いています。毎日、1・5時間、通勤で聴いています。また、眠るときに聴くこともあります。

CS2　いつもです！　一人で何か頭を使わないことをしているときは——たとえ1分や2分でも——［ポッドキャストを］つけています。それは、私がアファンタジアについて知ったきっかけです——私は、ガーデニングをちょっとしなければならなかったのですが、それで、どうしたと思いますか？　ポッドキャストです。私は、これまでオーディオブックを試したことがなかったのですが。

DG　私は、アファンタジアと本を楽しむことについて、最近になってようやく考えるようになりました。視覚的にイメージはできませんが、それを「感じる」ことはできます——ですが、視覚的ではありません。

JR　私は、フィクションもそうですが、多くの種類の本を楽しみます。説明文を読むときは、ざっくりとその場面を「思い浮かべて」みますが、実際には何も見えません。私が本を楽しむのに支障はありません。良い点は、本が映画化されるときに、登場人物の容姿などの先入観がないことです。

私は周囲の世界についての好奇心が強く、常に疑問を抱いているので、ノンフィクションはすごいと思っています。良い物語であれば、フィクションも楽しみます。心の目で物事を「見ること」なしに、物語をとても楽しむことができます。

ML　私は熱心な読書家で——もし、座っていなければならないとき、あるいは旅行に行かなければならないとき、本やオーディオブックを持っていかなければなりません。たいていの場合、数冊の本を持ち歩きます。私は、話の筋などはよく覚えています。とてもよく覚えているのです。単語の記憶力はとても良いのです。

いつもオーディオブックを使っています。オーディオブックなしで街を運転することはありません。それらは携帯電話に入っていて、イヤホンやブルートゥースで再生しています。

SB　［アファンタジアと本を楽しむことは、］私にはあまり影響がありません。もともと本を読むのは好きだし、日常生活で何かを思い出そうとするのにも似ています。私は事実（たとえば、登場人物は茶色の髪の毛をしている）を知っていますが、それを全く見ることはできません。あるいは、登場人物の髪の長さなどのちょっとしたことを想像できることもあります。

でも、そんなことはめったにないのですが。

TM　私は、本を読むのが苦手でした。それがわかってからは、かなりの勢いで読めるようになりました。私は人一倍の読書家です。読書をするときは、一度に数冊の本を簡単に読むことができます。私の心のなかでイメージを作っていないせいか、本を読むのがとても速い傾向にあります。多くの人と違って、読書については問題がありません。本を読むたびに、さらに多くのことを引き寄せているような気がします。

私は、**絶えず**ポッドキャストを聴いているし、オーディオブックも大好きです。私にとって沈黙は本当につらいので、静かな時間や一人の時間はポッドキャストで埋めたいと思っています。ポッドキャストとオーディオブックは、新しい情報を得たり、常に刺激的な思考を私に与えてくれる素晴らしいプラットフォームです。

AR　私は、アファンタジアを意識するようになってからは、読書のときにより一生懸命イメージを目の前に呼び出そうとしています。短い時間ですが、たまに何とか視覚イメージを浮かべることができます。

AS2　［ときどき、ページ上の言葉がイメージを形成することがありますが、］そのイメージは、私が実際に経験したことからきたものであると思っています。たとえば、本のなかで紹介されている浜辺は、私が実際に行ったことがあるので視覚的にイメージすることができます。

しかし、その本に景色が描かれていても、私はそれをイメージすることはできそうにありません。

訳注

＊1　アイザック・アシモフ（Isaac Asimov）：アメリカのSF作家。代表作に『われはロボット（*I,Robot*）』『銀河帝国の興亡（*Foundation*）』などがある。

＊2　トゥルー・クライム（true crime）：実際に起こった犯罪や事件を扱った番組のジャンル。

第5章　視覚イメージ

イメージの視覚化に関する生物学的基盤については、この本の最初で簡潔に取り扱われた。子どもを対象とした研究では、視覚イメージは、読むことを学んだり、もっと学年が進んで試験の復習をしたりするときに用いられる重要な構成要素であることがわかっている。

ノートの視覚イメージ化、マインド・マップ、絵による表現は、個人が学習を促進するために使用できる実証済みの方法である。視覚イメージは、子どもたちが珍しい抽象的な概念を把握し、より複雑な文章を理解するために用いられてきた。

もっと率直に言えば、写真、テレビ番組、絵、広告などの形式での視覚イメージが私たちを取り巻いている。技術の絶え間ない進歩により、瞬間を電子工学的に捕え、様々なプラットフォームやデバイスを通してコンテンツを消費することが、かつてないほど容易になった。また、私たちは広告やマーケティングのイメージに触れる機会がかつてないほど多い時代を生きている。

＊＊＊

アラン　私の視覚イメージ欠如についての重要な側面は、私がたくさんの視覚イメージを捜し求めることである。私の脳は、与えられる限りの視覚情報を欲しがるようである。それはおそらく、私自身の心のなかで形成された心的イメージにアクセスできないことに対処し、補償しているのだろう。

子どもの頃、本を読むのと同じように、よくマンガを読んでいた。テレビを観るときは――4つのチャンネルのなかから――たくさんの番組を同時に見ようとしていた。昔、「ピクチャーインピクチャー」のテレビを持っていて、同時に2つのテレビ番組を見るのが好きだったことを覚えている。今でも、テレビのチャンネルはほとんど数分おきに変えている。そう、私は悪いテレビ族である！

写真やビデオは私の記憶になっている。人や物事など、私の周囲の全てについて、自分が見るのと同じくらいできるだけ多くのビデオを録画しようとしている。特に、我が家の猫。これは、もうほとんど日課である。ミリー（私たちの猫）は、完璧な写真やビデオを撮ろうとする私の注意に気づいてくれないけれど、彼女はいつも、私を笑わせるような素晴らしいポーズを見せてくれる。

ビデオや写真から与えられるイメージには、私をその瞬間に連れ戻す能力がある。すぐに思い出すというよりは、そのときに起こったことを（感情的で心的なもの）思い出させてくれるものなので、私は、少なくともその瞬間の断片を思い出すことができる。

映画やテレビは、私にとって不思議なくらい変則的である。私は、映画やテレビ番組で話された引用文を覚えている。もしかすると、正確な言い回しやフレーズではないかもしれないが、声に出して言えるほど間違いなく詳細に覚えている。

私の家族や友人はみんな、私があまりにも多くのビデオや写真を撮っていると考えているが、それは私のアファンタジアの状態には欠かせないことだと思っている。それは、心のなかにはない視覚的な日記のようなものなので――撮れば撮るほど思い出す機会が増えて、自分の歴史が完成していく気がする。

テレビ（特に映画鑑賞）は、私をリラックスさせる。それは、私の心がスクリーンに映し出される視覚イメージにかなり集中して、他のことを考えていないからであると推測する。私にとって、テレビは純粋に視覚的な経験ではなく、没入感のある経験となる。

＊＊＊

――人生を記録するためにイメージを捜し求めたいというアランの切望は、多くの寄稿者たちに共通している。

MU はい、私は絶対的に切望しています。いつも写真を撮っては、それらを眺めています。

SB はい。内容にもよりますが、写真に撮ることができるものなら、私はそうしたいし、それを見たいです。

RW はい！ 夫は、「この瞬間を生きよう」という人なのですが、アファンタジアはこの違いについてとてもよく説明してくれます。夫は、将来に向けて見事な視覚的記憶を作ろうとしており、私は自分が知っている唯一の方法でそれを捉えようとしています！

AK 私はたくさんの視覚イメージを見ることが好きです。自分のパソコンや本で、たくさんのイメージを見ます。

TM ときどき、私はそうします。父はおよそ10年前に他界しましたが、父の顔を簡単に思い浮かべられればよいのですが。私は、何かが足りないときに、主に視覚イメージを求めます。人や場所の写真を見つけることで、その願望を満たしています。もし、それがうまくいかないなら、文章を書き始めます。特に詩を視覚イメージとして使う傾向があります。

AR　はい。でも、実際には、まだ満足できるような方法は見つかっていないのですが。

PA　はい。私はイメージや映画はよく見ます。それは、私の仕事の一部です。

JA　私も、そうします。ときどき、夢を見るために眠りたいと思うことがあります。

MB2　視覚イメージは、今でも、私にとって非常に重要なものです。映画やミュージックビデオなどの――メディアを見たり、写真を見たりするのが好きです。

CS2　切望というのは正しい言葉ではありませんが、私は視覚芸術が好きです。絵を描いたり、写真を模写したりするように――既に存在するイメージをもとにしてしか絵を描くことができません。

ML　私は、これまでもっていなかったものを「切望する」ことはできません。イメージが欠如していることは、私を悩ますので、言葉によってその隔たりを埋めています。

PW　実際にはないけれど――それがないことを不自由に思ったことはありません。

MR2　いいえ。ないものねだりはしませんが、私は視覚的にイメージするための能力をもっていればよいと思います。

AY　全くありません。もったことのない何かを不自由と思うことはありません。

MH　いいえ、私は、少しのイメージも頭をよぎらないことに慣れています。

DS　切望……それはないです。切望することはよいけれど、私はそのことでくよくよしません。それは、無意味なことのように思います。

匿名　特にありません。私は、地球の裏側に引っ越ししてホームシックになるまで、壁やサイドテーブルにポスターや写真をあまり貼ったことがなかったので、150枚くらいの写真を印刷して、フォトモザイクのように壁に貼り付けました。その後も同じ写真を持っていて、それらが壁に飾られているので、見ているだけで楽しいですが、おそらく同じ国にいたら壁に貼る写真は少なかったと思います。

SC　いいえ、それを切望することはありません。私は、これまで少しもイメージを経験したことがないので、何が足りないのかわかりません。お酒と同じように、私は法的な飲酒年齢を超えていますが、飲んだことはありません。何が足りないのかわからないので、それを強く望むことはないのです（私は、記憶喪失の過去があるためにお酒を飲むことができません。飲酒は再び記憶喪失を引き起こすらしいし、それは決して負いたくないリスクです）。

KB　いいえ、私はイメージに憧れているわけではありません。視覚的にイメージできる人がイメージできないのはどんな感じだろうということに興味をもつのと同様に、私は、イメージできる経験とはどのようなものであるのかについて知りたいです。

MR　家族との大切な時間を視覚的に思い出せればよいのですが。子どもたちの誕生、幼少期、結婚、家族団らんなど。私はカメラと日記を持っていて、当時のことを思い出すことができますが、視覚的記憶はフィルムに残されたものしかありません。

MC　視覚イメージを切望しているとは思いません。たまにイメージの欠如を悲しく感じますが、今の自分には、視覚イメージをもったほうが圧倒的によいと思います。

JK　私は視覚イメージを経験したいと思いますが、どうしようもないことだと思っているので、いかなる切望も満たそうとはしません。

CS　そうですね、今では、みんなが視覚的にイメージできると知ったので、憧れています！　私は、それをイメージすることすらできません。他の人が何を見ているのか、何としても見てみたいです。これは、どのようにすれば満たされるのでしょうか？

TS　ええ、私は確かに、視覚的にイメージできることを願っていました。イメージの欠如が、これまで私が見た最も美しい光景でさえ、歩き去った時点でほとんど無意味になることを示しているからです。確かに、写真やビデオを撮ることはできるけれど、匂いや感触を感じることはできません。

AT　私は、心の暗闇や空白を愛していると思っています。それは、本当にとても平穏です。愛する人の顔をイメージするようなことができるようになりたいですが。

***

――「写真やビデオは私の記憶になっている。人や物事など、私の周囲の全てについて、自分が見るのと同じくらいできるだけ多くのビデオを録画しようとしている。」と、アランが説明したように、彼は携帯電話でたくさんの写真を撮っている。寄稿者たちもたくさんの写真を撮るかどうか、尋ねられた。

TS はい、もし社会的に受け入れられるのであれば、常にライブ動画を撮るでしょう。それは、私にとって視覚的に物事を覚える唯一の方法です。

AT 私は、携帯電話を持っている間は、1日に1枚以上の写真を撮ってきたと確信しています。観光名所からホテルの部屋のドアの写真まで、自分たちが行ったことを記録して残して、帰り道がわかるようにしておかなければなりません！

L これは控え目に言っているのです！　私の携帯電話には4千枚以上の写真があります。

TM そう！　たくさんあります。振り返るものがあるのは良いことです。

SR 自分がアファンタジアであると理解してからは、愛している人の姿、場所、出来事を思い出すために、多くの写真を撮り始めました。

MR　私はいつも、たくさんの写真を撮ってきました。私は、カメラなしでどこかに行ったことはありません。また、記憶していてもイメージができない場所や出来事については、グーグルの画像を使っています。

CS　数百万枚あります。私は自分の人生を忘れたくないのです。

CH　はい。写真撮影は私の趣味です。自撮りはほとんどしません。

SC　はい、私は日の出や日没の写真は何千枚も持っています。私が住んでいる場所や仕事の関係で、ほとんどの日の出や日没を見ることができます。また、見た動物もほとんど撮っています。そのときに見つけたヘビやトカゲを他の人に見せるためです。

SB　はい。私は物事の視覚的「記憶」をもつことが好きです。

RH　私は、写真を撮ることはありますが……社会的な理由で、いつもというわけではありません。私は、参照のために写真を撮ることが多いです。どこを運転してどこに駐車したかを知っているようなテクノロジーと融和されたしっかりとしたGPSが出る前は……駐車した場所を思い出すために駐車場で写真を撮っていました。見知らぬ都市では、最も近くに位置する交差点の写真を撮っていました。店頭の家具やキャビネット、店の備品の写真を撮ります。店頭に陳列されているアレンジメントの写真も撮ります。

PW　いいえ、私の撮影枚数は他の人たちよりも少ないです。私は、一度に一つのことにしか集中できないので、写真を撮ることに集中してしまうと、出来事に集中できなくて、より多くの経験を失くすことになると感じます。でも時には、自分が撮った写真も家族が撮った写真も見返して楽しむこともあります。

MC　いいえ、驚くことに、私はほとんど写真を撮りません。ですが、自分が撮った写真は、すぐに見られるように、家の中に貼っています。

AS2　いいえ、ですがグーグル「イメージ」で検索はよくします。たとえば、『ザ・ゴールドフィンチ（*The Goldfinch*）』という本を読んだとき、金魚の画像を調べて、定期的に参照していました。このことは、本で読んでいるときと同じように金魚を視覚的にイメージすることを可能にします。同様に、本の中に絵が入っているかどうかでも、大きな違いがあります。

JL　よく写真を撮っていましたが、何かを覚えていたいときだけでした。私は、他の人たちよりも、休日の写真をたくさん持っていますが、日常の大切なものは記憶に残らないと思っています。ときどき、気に入ったもの（町で見かけた好きな車など）の写真を撮ることはありますが、単に自分自身のためのものであり、他の人たちと共有するためのものではありません。

＊＊＊

――アランは撮影したイメージによって、その瞬間に連れ戻される。多くの寄稿者たちも、同じことを感じている。

MR　はい、ほとんどの場合。私を笑わせたり、笑顔にしたり、あるいは泣かせたりするので、そうだと思います。

SB　はい。この場合もやはり頭のなかで実際にイメージを形成することはありませんが、言われたことや感じたことなどは覚えています。

JT　何かを感じたときの気持ちを思い出させてくれますが、その場所についてはそうでもありません。

LH　その瞬間のことは覚えていますが、自分が知っている出来事としてです。絵がない物語のようです。

JL　はい、そして、思い出の物（お土産、記念品など――私にその瞬間を思い出させてくれる小さな物）とも関連づけられています。

DG　とてもそう思います。出来事の詳細ではありませんが、その瞬間、そうです。

RW　いつもはそうではないと思います。しかし、その瞬間のいくつかのことについて思い出すことがあり、そして、それらのことによって、ふさわしい感情を生じさせることがあります。

MU そんなことはありません――全くないです。

MC いいえ。ある出来事があったことを思い出させてくれますが、その瞬間に見たもの、音、感情などを再体験することはありません。

JA どんな瞬間にも連れ戻してくれるわけではありません。イメージを見たときに感情が生じます。

CS 私は、起きたことを断片的に思い出すことができます。その瞬間に戻ることはできません。文字通り、それは何も意味をもちません。

＊＊＊

――テレビは、現代生活の中心にあるメディアであり、一部の人々にとっては飽きのこないものである。チャンネルサーフィン、ボックスセット[*1]の視聴、そしてあらゆる興味に対応するチャンネルの多さ――テレビは多くの人々のニーズを満たしてくれる。実際に、アランのテレビの楽しみ方は他の人たちにも共通している。

RW はい。特に、自分が読んだことのある本の番組や映画を観ることを愛しています！　実際、テレビは私の最も大きな楽しみの一つです。また、私にとって、映画は強い映像よりも物語が魅力的であることのほうが重要です。なぜなら、私が引き込まれるのは物語だけだからです。

MR2 はい、登場人物や時代を大きく飛び越えることがなければ、ですが。私は、そのような飛躍する内容の番組についていけず、興味を失くしてしまうことがあります。

ST はい、その番組がおもしろいなら。

CW テレビは楽しみですが、あちこちのショー、タブレット、その他のことなど、私はしばしばマルチタスクになっています。

PA はい、それがとてもよい番組なら。私は、同時に２つや３つの画面を見ることができます。

SR 私は、いくつかのエピソードを続けて見るのが好きです。

ML はい、テレビは私を楽しませてくれます。全ての部屋にテレビがあるし、他のことをしながら見ています。たとえば、料理、アイロンがけ、電話中などです。ただテレビを見るわけではなくて、それは、私が退屈しないための「おまけ」です。

PW そうですが、でも、多くの人ほどでもありません。同時に他のことをしていない限り、一度に多くのものを見ることはできません。私は複数のことが同時にできないので、そういう状況になるとテレビは本当にバックグラウンドのノイズになってしまいます。

JT そうですが、番組が感情的に私の心を打たない限り、長く覚えていることはありません。私は映画の簡潔な説明をするのがとても得意ですが、他の人たちは、私にとっては不必要と思われる細かな点を延々と説明する傾向があることに気づきました。

TS 最近はテレビをほとんど見なくなりましたが、それがアファンタジアと関連しているのかどうか、私にはわかりません。

SB いいえ、そうではありません。

匿名 いや。しかし、テレビの一般的な内容と関係しています。私は、ここ8年ほどテレビを見ていません。ときどき、シリーズ番組や映画は見るけれど——それらは、本当に楽しめます。

JL 誰かと一緒に見ていないと、私には困難が伴います。私は映画館で映画を観るのが好きです。気を散らすものが何もないからです。

AT 私はテレビが嫌いです! フィクションの番組は、かなり退屈で、どんなものであれ、それが私の人生を豊かにするとは思えません。自分の知識を広げるためにポッドキャストを聴いたり、バックグラウンドでドキュメンタリー番組を流したりするほうがずっと好きです。

訳注

＊1 ボックスセット：映像作品や音楽作品を一つのボックスに梱包したもの。

第6章　睡眠と夢見

私たちはみんな眠るけれど、みんな夢を見るのだろうか？

夢は、睡眠中の心のなかで体験する一連の思考、イメージ、感情、アイディアなどであり、それらは自覚なしに生じるものと定義できる。夢研究（夢学）は１９５０年代の睡眠サイクルの発見から著しく進展してきたが、夢見の背景に存在する正確な目的についての科学的な共通理解は、現在のところ存在しない。

夢は、その内容や体験の仕方が各個人によって大きく異なる一方で、共通の特性も多く存在する。

ほとんどの夢は、目が覚めてからすぐに、あるいは非常に短時間で忘れられてしまう。夢に関する調査は、夢を思い出す能力は起床が遅れるのを回避すること、あるいは夢を再生したいという願いなど、様々な付加的要因によって影響を受けると示唆している。また、感情的に苦痛を伴う夢は、記憶に残りやすい傾向にある。

夢についてよく知られたテーマは、落ちること、飛ぶこと、トイレを見つけられないこと、試験に落ちることなどである。

しかしながら、多くの夢が共通のテーマをもっている一方で、私たちの夢見の経験では著しい違いもある。

ほとんどの人たちは一人称の視点で夢を見るが、なかには三人称の視点で見ることも報告されている。つまり、夢のなかで自分自身を見るということを意味する。また、自分ではない誰かの夢を見る人もいる。さらに、多くの人たちは色がついた夢を見るが、およそ12パーセントの人はモノクロの夢を見ると見積もられている。

夢の背景にある「目的」は、数世紀の間、重要な議論の主題となってきた。たとえば、ジークムント・フロイト（Sigmund Freud）は、夢見は禁断の欲望、不安、願望などの無意識の経験であると仮説を立てたことで有名である。現在、共通理解は存在しないが、神経科学の発展は、私たちの理解を進歩させることに役立っている。

２０１１年の研究は、夢が感情処理において重要な役割を担うという考えに対する科学的な支持を与えた。さらに進んだ研究は、夢は記憶や新たに学んだ情報を定着させるのにも役立つことを示唆している。これは、夢が知識の定着を助ける役割を果たしていると考えられる。

ある研究を参照すると、夢のおよそ70パーセントは脅威の状況を含んでいると言われている。このことから、私たちが現実生活で直面する可能性のある脅威のシミュレーションやリハーサルとして、夢が、危険に立ち向かうための準備をさせる役割を担うという「脅威のシミュレーション仮説」の発展を導いてきた。

＊＊＊

アラン　私は眠っているときに夢を見るが、ときどき「夢を覚えている」ことがある。覚えている時間はとても短くて、目が覚めてから数分以内に夢を思い出せないなら、何も覚えていないことになる。

夢を思い出すと、たくさんの視覚イメージを見る。夢で起きたことは、目覚めて最初の30分間くらいしか覚えていないが、ほとんどは悪夢であると思う。良い夢や素晴らしい夢のほとんどは覚えていられず、主に悪い夢が多い。それは、単に、悪い夢のほうが鮮明であり、強い感情とともに覚えていて、目が覚めたときに思い出すのかもしれない。

私は最近（この本を書いている間に）、自分の夢に色がついているとわかった。そのときまで、色がついていたのか、いなかったのか、確信がもてなかった。それは、私がアヒルの夢を見たときに、暗闇のなかにグリーンとブラウンの色が見えるという奇妙な夢を見たおかげである。夢を見ることができるというのは私にとって全く意味のないことであり、おそらく他の人が私の状態を理解するのが難しいのは、私も全く不可解だからである。

私が眠っているとき、心のなかで視覚化してイメージを見ることができるが、まぶたを開けて目が覚めるとすぐに、心のなかのイメージは消えてしまい、何も見えなくなる。それは、まるで、目が覚めたり、目を閉じたりした瞬間に、心のなかのイメージを停止する心的なスイッチを持っているかのようである。

私には空想する能力があるが、視覚的な詳細は何もない。

既に述べたように、私は、普通の夢よりも悪夢を覚えているようである。悪夢を見る頻度は、私の個人的なストレスのレベルと関連しているように思う。ストレスを感じれば感じるほど、悪夢を見る可能性が高くなる。子どもの頃は、夢の内容やストーリーに多少なりとも影響を与えていたと思う。

もし、眠っている間に夢を見なければ、もっと早く自分の心的イメージの欠如に気づいていたと思う。確かに、眠っているときにはイメージを伴った夢を見るのに、目を閉じているときには見ないことに疑問をもったのではないだろうか？

また、夢のなかでは、現実世界には存在しない物体や物事を見ているので、自分の心のなかでそれらを創造していると気づく！　私は、どの映画でも見ていない宇宙船と武器についての夢を見たことがあるし、現実生活では出会うことのない人や実在しない建物や建築物を夢のなかで見たことがあるから。

これらの詳細は、私には理解できない。夢のなかではそれを感じることはできるが、後になって、それらを詳細に記述したり説明したりすることはできない。それは、あなたが10階建ての建物を見ているのに、子どもが描いたような細かい部分しか見えないのと同じである。夢のなかで間近に見た物事は、細部まで正確に焦点が合っている。このことは当惑を深めることになり、私はアファンタジアの状態に困惑している。

睡眠は、アファンタジアのなかで最も影響の小さい部分であるように感じている。睡眠に関しては、アファンタジアでない人たちが経験することに最も近いようである。

私は、短時間で見た夢はほとんど覚えていないが、特にとても鮮明な夢の場合は、心的な印象をもち続けることが多い。今振り返ると、羊を思い浮かべて寝なさい、と言われたこともある。私は、両親からそれを言われても理解ができず、それは言葉のあやであって、現実生活を描写するものではないと思っていた。

みなさんは夢を見るだろうか？　私は、夢を全く見ないアファンタジア傾向者がいることも知っている。

白昼夢は、何もイメージを伴わず、私にとっては特に不思議なものである。私は眠っているときには夢を明晰に見るのに、起きているときに夢を見ないのはなぜだろうか？　私は、白昼夢を見るとき、形や物体を想起するのではなく、シナリオに基づいて問題解決を考える。私は、長年にわたってこの能力を発達させて進歩させてきた。そして、条件が整えば、かなり簡単に白昼夢を経験できる。

＊＊＊

——眠ったとき、夢を見る？

MB　いいえ。

ST　見ない。

MC　私の夢は暗闇のなかで、多少の空間認識があります。私が理解していることは、私自身の心が夢を作り出しているということだけです。子どもの頃、夢は見たり聞いたりできない背後で行われるものであると正当化していました。

PA　はい。ときどき、映画のように詳細を伴って、とても鮮明です。

AS　そのとおり、夢を見るときには、何かを見ることができます。しかし、それらは決して鮮明でないし、はっきりとしていません。イメージに関しては、いつも現実になる寸前のような感じです。夢のなかでの感情や経験は、たとえイメージが曖昧であっても、夢を見ている間は現実のように感じられます。

JS　はい、夢を見ることに問題はありませんが、記憶のように、基本的な記述的事実を除いてそれらを再生することはできません。最も不思議な経験の一つは、寝落ちする前の「薄明り」の瞬間に、無意識のうちに何らかの映像が現れることです。それはたいてい、私がその地点に到達する前に辿っていた思考の流れと関係しています。私がまだ眠っていないという事実に気づくと、イメージはすぐに消えてしまいます。

RW　はい、とても鮮明です。そして、私の夢は実際に全ての感覚を使っています。

TM　ええ。とても、とても鮮明です。私は、子どもの頃から悪夢を何度も見てきました。また、夜驚症の傾向もあります。夜驚症は見た後にすぐ消えますが、同じようなものが多いです。ほとんどは、天井からヘビが落ちてくるというものです。

AT　多少は、おそらく見ています。目が覚めたときに物語が頭のなかに浮かんでいることは何度かありますが、従来の意味で夢を見ることはありません。物語に合致したイメージはありません。

AY とてもよく見ます。とても明瞭に。私は、自分が夢を見ていることに気づいています。

JA はい、鮮やかな色がついています。居眠りの間であっても。

DS はい、とても鮮明な夢を見ます。夢については、私の全ての感覚がはたらきます。

JK2 頻繁に、時には繰り返し、そして自分でコントロールできる明瞭な夢を見ることもあります。最も良いものは、繰り返し見る明晰夢で、見るたびに悪夢から何か良いものに変化させようとすることができます。

JL とても、とても稀に。この1年で5回見ましたが、そのうち2回は単に金縛りからくる悪夢でした。他の3回は強い感情によって誘発されたものでした。これら全てのケースで、目を覚ますことで夢は終わりました。

L 私は壮大な夢を見ます。時には明晰夢のように、実際に自分がそのなかにいるようなものです。夢を覚えていることもあれば、覚えていないこともあります。目覚めたときに素敵な気分になれる夢を見ることもあります。特に、空を飛べる夢。無意味な夢もあれば、意味深い夢もあります。私は、目を閉じて夢を再度訪れることはできませんが、夢について考えたり、熟考したりすることはできます。

匿名 夢はめったに見ないし、見たとしても、言葉でしか覚えていません（これまでに視覚的な夢を見たかどうか、覚えていません）。

PW　つい最近まで——私は夢を見ていないし、これまでも見たことはありません——と断言していました。ただ単にイメージを見ないということだけではなく、アファンタジアがどのように私に影響を及ぼしているのかを学ぶにつれて、ときどき「夢」を見始めるようになりました。私は、後で何かを再生することはできないし、それらがイメージでなかったことは確かですが、今となっては、ときどき、何らかの意味で夢を見ていることを知っています。しかし、それはまだ、とても稀なことのようです。

私は、イメージで夢を見ているわけではないと思います。どんな夢も再生できないので、悪夢も再生することはありません。しかし、私は、悪夢であろうと想定していますが、睡眠中にたまに不快な「曖昧な感覚」をもっていたという確信があります。

＊＊＊

——色のある夢を見るだろうか？

MH　いいえ。

JK2 見ません。ある物体が色と具体的に結びついている場合（海は青い）、私の夢のなかの白黒の海が「実際には」青いということを「わかって」いるけれど、それだけです。

MR2 多少は色がついていると信じています。鮮やかな色ではなく、テクニカラー[*1]のような落ち着いた色です。

AY 全ての色と音があります。まるで本物のように鮮やかです。

KB 私のこれまでの人生で、目が覚めたときに覚えていた悪夢を2回見ましたが、両方ともカラー映画を観ているかのようでした。

SC はい、私の夢は全て鮮やかな色がついていて、たった一度だけ白黒の夢を見ましたが、それは難しいものでした。

＊＊＊

――どのくらいの期間、夢を覚えていられるだろうか？

AY 目が覚めてから数秒後には消えてしまいます。何をしてもそれらの夢は思い出せません。挑戦しているのですが。

CS2 今でも思い出せる夢はたった２つだけで、どちらもとても鮮明で恐ろしいものでした。たいていは、ベッドから起きる頃までには、珍しい夢は忘れてしまいます。

CS 目が覚めるまでです。鮮明な夢を見たとわかっていても、目が覚めるとすぐに消えてしまいます。ごく稀に、夢で見たことを思い出すことがあります。

ML たいていは、たった数秒ですが、ドラマチックな夢のほうが長く覚えていられます。かつて、会社で残業する夢を見たことがあります。目が覚めたとき、私は会社に行ってまた同じことをしなければならなかったので腹が立ちました。この夢の輪郭は、今でも私の心に残っています！

TS ほとんどの夢は、目が覚めた瞬間に忘れてしまいます。翌日までには消えてしまうものもあります。ほんの少しの特別な夢は、思い出話になるほど重要なもので、ずっと覚えています。

DS たいていの場合、覚えていないか、目が覚めたらすぐに消えてしまいます。私は、明晰夢を何度か見たことがあります（このテーマは、いつも私を魅了してきました）。それらは、目が覚めたとしても、簡単に覚えています。

JR 場合によります。感情が伴っていれば、何時間もあるいは一日中でも覚えていることができます。目が覚めたときにとても幸せだったり悲しかったりすると、たいていは幸せな感情が長く留まります。夢のことを考えなくても、ポジティブな感情が一日中続くこともあります。また、夢を誰かに話したり、あるいは自分自身に話したりすると、詳細な情報を含んだ記憶がより長く残ります。

CS2 悪夢は、確実に長く留まります。目覚めた後も、私を狼狽させる（夫が離婚を求めているような）夢を少しだけ覚えていることがありますが、夢の詳細は数秒で消えてしまい、その物語の要点とどうしようもない悲しみの感情が残ります。

JT 怯えることは感情だから、悪夢のほうが忘れられません。最近、アファンタジアについて学んでから、悪夢に関しておもしろい経験をしました。私は悪夢から目が覚めて、再び眠りにつくのが怖くなったのです。もし私が視覚的にイメージできるのなら、それはどのくらい怖いことだろうかと考え、夢に出てきたモンスターを「見る」ことがないように念のため目を閉じたのですが、もちろん見ることはありませんでした。そして、その夢は現実ではないと自分に言い聞かせて物語を変えたところ、怖いという感情はすぐに消えてしまい、私はすぐ眠りについたのです！

KB 私は、自分の夢をほとんど覚えていません。覚えている夢のほとんどは、人が犬に変わったり家がバスに変わったりすることを除けば、起きているときと同じ考え方をしています！

MB2 私はときどきかなり長い間「夢を覚えていますが、」それは概念としてです。たとえば、数年前に見たセメント混合機が出てくる夢は今でも覚えています。この夢を（あるいは他の夢も）視覚的に思い出すことはできませんが、それぞれの夢の「話の筋のポイント」については、かなりよく覚えています。

＊＊＊

――既に述べたように、アランは白昼夢にふける。彼の白昼夢は、問題解決を中心的な題材とすることが多い。そこに視覚イメージは含まれていない。

KB　私は、子どもの頃、白昼夢にふけりがちでした。マインドフルネスを実践するようになってからは、それほどでもありません。イメージは伴っていません。心のなかでイメージを見ることはありません。ただ、空想をするだけで、感情が呼び起こされます。

ND　私は白昼夢にふけりますが、それに関連したイメージはありません。ある場所にいて、そこにいたらどんな感じがするかを考えたり、もっと想像力をはたらかせたりして、頭のなかで物語を創造することもあります。

匿名　「白昼夢」をどのように分類するのかは難しいです。私がいつも思い浮かべるのは

『ケティ物語 (*What Katy Did at School*)』[*2]の表紙で、そこでは (私なりに言えば、ボディーランゲージ、あるいは空間記憶によると)、ケティが退屈そうに窓の外を見つめています。これが、視覚的な記憶ではないことに注意してほしいのです。実際の表紙をグーグルで検索したところ、彼女は実際に読者のほうを見ていることがわかりました。

いずれにしても、白昼夢を現実の状況で起きていることと関係のない物事についての思考として分類するなら、また、特にすぐに役に立つものでもないのなら、私はたくさんの白昼夢にふけっています。

それは完全ではない内なる声の文章、感情、ボディーランゲージ/空間的/音の記憶、あるいは過去、未来または架空の状況の想像、歌……などが混在しているように思われます。基本的には、気が散ってドミノ式に思考が連鎖していきます。

たまに白昼夢を誘導できることもあるし、実際に仕事のプロジェクトについて白昼夢を見させることができたら本当に便利だと思いますが、ほとんどの場合はそのようには機能しません。私はよく歩きますが、白昼夢にふけりたいので、歩きながら音楽を聴くことはありません。

MR2 頭のなかで物事を再生することもありますが、それは自分自身との会話のようなものです。

AR 私はときどき心のなかで、ふとしたことを考えてしまうことがあります。しかし、それはイメージを伴わない、純粋な思考の流れです。

RH　はい、私は白昼夢にふけりますが、イメージはありません。大部分は、どちらかといえば私がしていること、あるいはその瞬間に感じていることについてです。

SC　はい、しかし、イメージを伴うことはありません。何もしていないときに、ふとしたことを考え始めて、すっかり現実世界から離れてしまうことがあります。

CH　仕事から家に帰る退屈な運転中に、よく自分自身に話をします。「もし、○○が起こったら、自分や他の人はどうするだろう？」とか、「もし、○○が起こったら、どのくらい落ち着いていられるか、そしてその結果は」といったようなことです。

MB2　私は白昼夢にふけりますが、それはあまり視覚的ではありません。シナリオをじっくり考えることはよくあります――たとえば、これから行うパーティー、後で食べる料理――しかし、これらの白昼夢は、イメージがぼんやりとしていて短いものです。それらは、想像上の感情や楽しいアイディアのようなものに近いです。

お金持ちになる空想にはよくふけりますが、お金持ちになったら何をしようかということは空想できません――これに関する私の空想は、空想に関連するかもしれない感情、あるいはもし視覚的に空想にふけることができるならイメージに関連するだろうと想像するだけです。たとえば、私がお金持ちになることを空想するとき、イメージ能力をもつ人たちがお金持ちになる空想をするときに想像するような、自分好みの裕福な家のバルコニーで好みのワインを飲んだり高いチーズを食べたりするようなものではなく、「ああ、私がお金持ちなら、ずっとリラックスできて、ストレスがなくなるだろう」といったような内容のことを考えます。

CS2　空想にふけっているときの私は、まるでプラトンの洞窟の比喩に出てくる人のようです。漠然とした形や影を見ることができます（たまに、ほんの一瞬だけ）。洞窟の外に「現実世界」があることは知っていますが、それを見ることはできません。

説明することは難しいのですが、私は抽象的なアイディアで空想にふけります。猫を見なくても、あるいは「猫」という言葉にしなくても、頭のなかで猫についてのアイディアを思い浮かべることができます。それはアイディアとして、そこにあるだけです。行為やより複雑な思考も同様に当てはまります。

DG　私は空想にふけりません。

JA　いいえ。物事を考えることはあっても、私は、想像力をはたらかせて空想にふけることはできません。視覚的なものは全くありません。

JK2　私は日中に想像力をはたらかせることと「白昼夢」にふけることは別のプロセスではないと常々考えています。私は、心の暗闇のなかに、目に見えない俳優を使って、見えない「セット」を作ります。それから、言葉や概念を使って命を吹き込みます。

言葉には、様々なものが付随します——それは、視覚だけではありません。つまり、私の見えないセットは、「みすぼらしいナイトクラブ」で、この言葉に付随する感情、音楽、匂い（私は、匂いを嗅ぐこともできるかもしれません（がさ、そこにあることは知っています）を全て含んでいるのかもしれません。「スタンは2階の手すりを飛び越え、1階に激しく落下し、よろめきながら椅子を引き倒して進んでいく」といったように、見えることのない「スタン」という登場人物をA地点からB地点へと心的に移動させます。

このことを説明するのは難しいですが、私の場合には問題なくできます。これは、私の頭のなかで台本がどのように展開するかということでもあるのです。

JK　ええ、白昼夢にふけります。しかし、たいていは頭のなかでシナリオを描いていて、視覚的なものはありません。

JR　私の白昼夢にイメージは含まれていません。何かを見たり、読んだり、会話したりしたことについて考えるかもしれませんが、それだけです。私は、それらについて考えます。あるいは、時には反芻することもあります！

JT　私は、起こるかもしれないこと、あるいはこうなったらよいということについて空想にふけります。イメージとして視覚化はされていません。どのように感じるのでしょうか。

MR　白昼夢を見ることは、ほとんどいつも言語的なコメントです。

＊＊＊

――夢を見るとき、あなたの心が創造したであろう物事を見ることはできるだろうか？ あなたの世界には全く存在しないものだろうか？

匿名 はい。私は視覚的な夢を見るし、ありふれたものだけでなく、空想的なものも見ます。

JA はい、いつも、かなりびっくりするような詳細なものを見ます。

BM 夢を見ているとき、私はイメージを見ます。それらのイメージは、現実世界には存在しないものです。また、ちょうど寝落ちして夢を見始めたとき、はっと目を覚ましたときにも心的イメージを見ることがあります。しかしながら、そのようなイメージはすぐに消えてしまいます。

SC はい、いつもです。私は自分で物事を形成することもあれば、現実世界のものとは思えないものを見ることもあります。光速の何千倍もの速さで、観測された宇宙のはるか彼方を飛んだことがあります。

AR いいえ、物体が浮かんで飛ぶことができるなどの変わった動作をすることはあっても、私が見るのはこれまでに見たことのあるものです。しかし、ほとんどの夢は、かなり現実的な内容です。

MR2　いいえ。

VD　いいえ，私は以前に見たことのあるもの，あるいはそれを変化させたもの（大きくなる，異なった形状や輪郭になるなど）をよく見ます。

AY　全く存在しません。

PA　いいえ，これまでにありません。

ML　いいえ，そうは思いません。ほとんどが日常的なものです。

TM　私の夢は，ほとんどが現実的です。空想的な夢はほとんどありません。それが，夢をより怖いものにするのかもしれません。

GD　私はそう思います。しかし，実際にはわかりません。それには，宙に浮いて世界を征服するパペットは数に入りますか？

CS2　ほとんどの場合，それらは世界に存在するものです――と私は思っています（自分の夢を覚えていないし，そもそも，夢の数が少ないので確信はもてないのですが）。7歳のとき［に見た夢は今でも覚えています］。それは特に鮮明で，殺人鬼がクリスマスツリーを食べるという内容だったので，現実世界に存在するものを変形させたのだと推測します。

LH　私の夢はとても鮮明です。私はときどき，実際に見たことのないものを見ることもありますが、たいていはもっと身近なものを大げさに見ます。

JK2 私は、宇宙船でさえ、全てのものが現実世界で見たことのあるものから来ていると考えています。宇宙のSF映画のエピソードを見た人は、宇宙船を見たことがあり、心のなかではそれらのイメージを思い出すことができます。その場合、私は心が創造したものを見ているとは思いません。しかし、ロケットランチャーでティラノサウルス・レックスを撃ったり、ゾンビの大群に火の玉を落としたりする夢は見ましたが、どちらもテレビでは見たことがありません。

TS 夢の内容が完全に新しいものなのか、あるいはどこかで実際に見たことがあるものなのか、私は頭のなかで十分に分析することができません。

訳注 ――――

＊1 テクニカラー：カラー映画の彩色・採色技術の一つ。ここでは昔の映画のような淡い色合いを指していると思われる。

＊2 ケティ物語（*What Katy Did at School*）：スーザン・クーリッジ（Susan Coolidge）による児童古典の名著（初版は1873年）。現在でも、原書・邦訳とも多数の出版社から発刊されている。ここで指しているのはPuffin Classicsから1995年に出版されたものの表紙と考えられる。

第7章　記　憶

人間の脳には、2つの主要な記憶の分類がある。それは、長期記憶と短期記憶である。

短期記憶は、一度に数個の物体のみ保持する。たとえば、あなたが数列を覚えるとき（ことによると、暗号など）、それらは少ししたら忘れられてしまう。長期記憶は、より永久的な記憶を保持する。あなたが記憶を検索する回数が多ければ多いほど、その記憶は長期記憶になりやすい。これは、検索プロセスがニューロン間の伝達を「再発火」し、ニューロンの分子構造に永続的な変化をもたらすためである。これにより、記憶が脳に定着していく。

前頭前皮質は前頭葉の一部であり、短期記憶を司る領域である。短期記憶を長期記憶に定着させる作業は、側頭葉の内側にある海馬で行われる。記憶が定着された後、大脳皮質で保持される。これが長期記憶を司る領域である。

＊＊＊

アラン　私にとって、記憶は常に難しいものである。私は、ほとんどのことを詳細に覚えていることができず、多くの場合は、冗談めかして自分の能力をごまかしている。「**私の記憶は、まるでスイスチーズのよう。それは穴だらけ**」。

かと言って、私は人生でいくつかのことは覚えているが、どの記憶も細部のレベルを決めたり、定義したりすることはできなくて、記憶はそういうようにはたらくものではないと思う。正直なところ、それはほとんどあらかじめ決められたものというよりは、ランダムなものであるように感じる。

2時間の映画のうちの3、4秒にあたることが、おそらく、私の子ども時代の全てについて思い出す総計の時間である。私は自分の人生における過去の出来事を知っているが、とても限定的であり、自分の知識や過去の記憶を頼りにしない傾向がある。心のなかには現実のイメージはなくて、写真を見て作られた記憶だけである。

しかし、私の過去にはいろいろなことがあったのを知っている。イメージの出現がなくとも、私はそれらの知識をもっている。それが起きたことを知っているという確信があっても、過去の出来事については夢で見たのではないかと思うことがある。

また、私は相対的な時間の概念に苦しんでいる。ある出来事が他の出来事と比較して、私の人生のなかでいつ生じたのか、判断することができない。それは、真実であることを知っているのに、他の人たちに見せるための証拠がない事実のようなものである。

この本を書いている間、子どもの頃の写真を見た。私には、写真を見ることで引き起こされる回想や感情以外のオリジナルな記憶がなく、自分が直接体験したはずのイメージや記憶を検索する能力もない。思い出を自分の目で見たことがない。

また、何らかの形で視覚イメージを形成できたという記憶がない。その頃の写真を見ても、子ども時代の記憶は蘇らない。

匂いや感触には、私の心のなかで記憶として残されているものもある。匂いを嗅いだり、触ったりすると、過去の出来事が何らかの方法で再活性化され、過去とリンクしている感情や情動を感じることができる。私は、同様に苦しんでいる仲間たちに尋ねてきたが、他の感覚もアファンタジアの影響を受けていることが多いようだ。

私にとっての記憶は、つながっているように見える。たとえば、私がある物事を覚えていれば、その出来事を考えたことに連動して、あるいはきっかけとなって、出来事や考えたことを思い出すことができる。しかし、このような思考に関する連鎖はランダムなもので、どのような過去の出来事が記憶として出現するか、また、どの程度の詳細な記憶が得られるかはコントロールできない。また、元の記憶がなければ、記憶の先にある他の記憶にアクセスすることはできず、単純に他の個々の思考にジャンプすることはできない。

＊＊＊

――この本の調査において、寄稿者たちは、自身の記憶を評価して、アファンタジアが影響を及ぼしているかどうか判断するように頼まれた。

KB　私の記憶力に問題はありません。

MB　私は、人々についてではなく、事実についてはよく覚えています。

匿名　私はとても良い記憶力をもっていると思います。アファンタジアは、記憶保持の方法に影響を及ぼしているにすぎません。それは、視覚、聴覚、味覚というより、言葉として保持されます。

JL　私は、他の人たちより、かなり良い記憶力をもっていて、人との会話やその場面についてもとてもよく覚えています。他の情報源（色、天気、周辺環境）から得た詳細情報についての記憶力は悪いです。

JR　私の一般的な記憶力は良いほうです。あらゆる種類の雑学が得意です。複雑なカードゲームの遊び方を覚えています。車のような他人のものは、たとえ親しい人の車であっても覚えていません。ただし、息子の車は白で、妹は異なる色合いの2台の青色の車を所有していることは知っています。私は友人の車だと思って、そちらへ歩いて行ってしまったことがあります。しまった！

彼らは、自分の車で私を感動させようとする必要はありません。私が物質的なものに興味がないだけでなく、彼らが何を運転しているのかについて手がかりももっていないからです。いつも通る建物の変化に気づくのには長い時間がかかります。たとえば、建物の色が塗り替えられたり、他の業者に変わったりしてもなかなか気づきません。

私は、数字（運転免許証番号、図書館の14桁ものカード番号、クレジットカード番号など）に対する優れた記憶力をもっています。誕生日を覚えることが得意で、何十年も会っていないような人たちの誕生日も覚えていたりします。歌の歌詞も覚えています。一度、それらを知ると忘れません。

CW　私は、通常よりも良い記憶力をもっています。

PW　私は、事実に対する記憶力がとても良く、興味をもって読んだものに対する記憶力も優れています。

CS

私の記憶力は、とても良いと思います。

私は、顔、順序、あるいは特定の細部に関する記憶はあまりありません。事実は思い出せるし、方向感覚も優れています。私は7歳のときの学校の様子と、どのように迂回するのかを教えることができました。道に何かあるのはわかりますが、それを視覚的にイメージできません。ただ、それを知っているだけです。

CH

私の記憶は異様です。映画が平凡なものであったり、自分の好みでなかったりすれば、よく観たものであっても覚えていません。再び観ることで、それを観たことがあるというのはわかりますが、エンディングを覚えるためには3回通して観る必要があります。大好きな映画、何度も観た映画、印象に残った映画については、よく覚えています。

TS

私は、物事を事実の羅列として覚えることができます。感情は、言葉に変えて記憶されます。入学前までのことは、ほとんど思い出せません。その後については、個人的な出来事をたくさん覚えています。大部分の人々よりも私のほうが多くのことを覚えているかどうかは、わかりません。

CS2

私の記憶はほとんど現存していません。それは途方もなくお粗末で、ほとんど滑稽というのが適切です。

私は、過去のことについてほとんど覚えておらず、やらなければならない仕事を覚えていられないし、重要な会話も覚えていられません。でも、いくつかの記憶は残っていて――ネガティブな記憶は、もっと長く残っているかもしれません。

私がＡＤＨＤの検査を受けたとき、実行機能系の記憶の検査もしたのですが、はなはだしく低い点数で、精神科医はあまりの低い点数に驚いていました。アファンタジアについて知っている今になって振り返ってみると、アファンタジアが私の記憶に影響を及ぼしているのだと思います。検査のうちの1つは、5つか6つの短い物語が提示され、できるだけ詳細に、正しく、速く再生するというものでした。今となって納得しましたが――女の子は黄色ではなくピンク色のブラウスを着ている――ということなど、その物語の心的イメージを形成していないと心に残らないということがよくわかりました。

ML　私の記憶はかなり悪いです。私はリストとカレンダーを使って生活しています。しかしながら、私の潜在意識は素晴らしいと信じています。何かをしているときに、数時間前の書類で間違った郵便番号を使っていたことに気づきます。私は、そのようにして、物事を正す機会を得ます。それは、心の裏にあるむずむずする気持ちであり、そして表面化します。

MB2　私はワーキングメモリが苦手なので、アファンタジアが私の記憶に影響を及ぼしているのは間違いありません。私は、自分の日々の行動、他人が私に何と言ったのか、将来のスケジュールなどを思い出すのに苦労します。重要な物事を忘れているのではないかと、とても不安になることが多いため、几帳面な日程表をもっています。私は全般性不安障害であり、記憶力の欠如が原因で不安になることが多いのだと思います。

ND アファンタジアは、記憶の文字通りのイメージを形成する能力に対して影響を及ぼしていますが、自分がどこにいたのか、誰がそこにいたのか、場合によっては彼らが何を着ているのか、について知っています。

MU 私の記憶は、あきれるほどひどいし、時間とともにさらに悪化していると思います。

AR 長期記憶は比較的良いけれど、短期記憶はかなり劣っています。

LH 言葉についての私の記憶は、実にひどいです。子どもの頃の場所は覚えていますが、それらを基本的なレベルで説明できても、頭のなかでそれを見ることはできません。私は、数回繰り返せば、数字を覚えることは得意です。

L アファンタジアは、明確に私の記憶力に影響を及ぼしています。これは、私の暗闇という**贈り物**の「一部」です。私は、簡単に前に進み、忘れ、恨みをもたず、過去に生きることもなく、将来を夢見ることもありません。これだ！ と思いました。私は、**今**を生きています。

MH 私の記憶力は恐ろしく悪いです。記憶には呼び戻すことを必要とするプロセスがありますが、私にはそれがありません。正直なところ、私が「記憶を呼び戻す」プロセスを使わない日は一日もないのですが、99パーセントの場合、「呼び戻される」のは真っ暗な状態だけです。

MR2　私は、人の名前と記憶しないといけないことを覚えるのが苦手です。これは100パーセント、アファンタジアによるものと思っています。

JT　私は、「物覚えが悪い」と言われてきました。出来事の詳細な記憶には限界があります。自分がどのように感じたのかを覚えているし、それを裏付ける出来事を覚えているのですが、自分の感情や考え方を裏付けるものでない多くのことを無視しています。自分の記憶の全てが「正確である」とは思いませんが……。

JS　私の記憶は、まさに事実に基づいていて、記憶が頭のなかにひょいと浮かびます。職場では、とても良い記憶力をもっていると言われてきましたが、それはたいてい1週間以内に起きたことです。

JA　私の記憶力はひどいです。出来事から携帯電話をどこに置いてきてしまったかまで、多くのことを忘れてしまいます。

＊＊＊

――人の顔の再生ができないことはアファンタジアのネガティブな点として寄稿者たちから頻繁に引き合いに出されているが、認識に関することはそれほど問題ではなく、アファンタジアの特徴として一般的なものでもないように感じる。

RW　私は、心のなかで顔を再生できませんが、誰かを見た後であれば、並んでいても間違いなくその人を同定することができます。また、顕著な特性で顔を説明することはできますが、「彼女の目と目の間の距離はどのくらい？」といった質問、あるいは私が注目していない細部についての質問（「彼のあごはどのような形をしている？」）に対しては答えられません。

MR　私は、人の顔を再生できません。両親、友人、付き合いのある人たちがどのように見えるのかについて、私がもっている唯一の「記憶」は写真です。私は、物理的な形式で記録されない出来事を思い出すのが苦手です。

LH　もし親しい友人や家族が私とすれ違ったら、私はその人を認識するでしょう。しかし、もし私の娘を説明するように言われたら、彼女は腕にほくろがあるとか、眼鏡をかけているとか、ブロンドの長い髪をしているなどの事実を話すでしょう。私は、これらを事実として知っていますが、詳細に説明することはできません。もし隣人がスーパーマーケットで私の前を通り過ぎたとしても、私は彼女を認識できません。文脈を無視して会っても、誰なのかほとんど認識できません。

JR　［顔を覚えることについて、］そうですね、個人的にはとてもよくできます。実際に、いつ、どこで会ったのか覚えていなくても、しばらく会わないうちにその人を認識することがあります。

家族的類似性を見つけるのは得意です。また、アファンタジアと関連があるのかはわかりませんが、私はしばしば、誰それが、私の知っている誰かと似ているように見えるということがあります。たとえば、マシュー・マコノヒー[*1]は、私の兄弟を思い出させます。私が敏感であるからなのか、それとも相貌失認「気味」だからなのかはわかりませんが、とても広範囲の類似性を見ることができます。具体的には、相貌失認について自分では思っていませんでしたが、テレビ映画を観ているときにそれが生じることを最近になって知りました。年齢、髪の色や長さが似ている2人の女優がいると、いくつかのシーンでその2人を混同してしまうことがあります。実際に会ったことのある人であれば、こんなことは起きないのですが。

RH 心のなかで顔を見ることはできませんが、特徴は覚えています。人を見ればすぐに認識できますが、普段からよく知らない人を見ると苦労することがあります。彼らは、私を「知っている」と思って見るでしょうが、私はどこで見たのかわかりません。

MR 私は、顔を思い出せません。視覚的にイメージできないし、説明もできません。しかし、知っている人を見かけたら、それが誰だかわかります。私が一緒に仕事をしたことがあり、何年も知っている人でも、その人にあごひげがあるか、眼鏡をかけているかについて確証がもてないという事実に、人々はしばしば困惑します。

ときどき、彼らが外見を変えたことには気づきますが、何が変わったのかはわかりません。

JK2 私は、人の容姿の詳細を視覚的に思い出すことができませんが、その人を見たときに、その人の記憶と自分が見ている人を関連づけて考えることはできます。人の顔を覚えるためには何度も会う必要があるし、たった数回しか見ていない人であれば、彼らと特徴が似ている他の誰かと簡単に見誤ってしまいます。でも、彼らと会うたびに自己紹介をしなければならないわけではありません！

MB2 私は顔を覚えるのが苦手です。誰かに3、4回会うと、私たちは以前に会ったことがあると彼らが教えてくれて、名前を言われるまではわかっているふりをします。その時点で、その人が私に話したことを全て覚えています――情報は顔ではなく、私の心のなかでは名前と結びついています。

AS2 私は、顔の記憶が苦手で、それは特にふだんと違う状況や、彼ら自身が変化しているとき（たとえば、髪型など）はひどいものです。とても親しい人、とても頻繁に会う人のことは覚えています。不思議なことに、小学校の同級生は**全員**覚えていますし、中学校の同級生も何人か覚えているので、私の人生でアファンタジアの状態がずっと続いてきたとは思えません。

MR2 はい、認識はしていますが、彼らを説明することはできません。私は名前を覚えることがとても苦手です。誰かに紹介されたとき、同じ会話のなかで名前を6回聞いても、5分後には彼らの名前を覚えていないことがあります。しかし、会ったことは覚えています。しばらく会っていない人（親しい家族や友人以外）は、その人が誰なのか覚えていません。何となく見覚えがあっても、私はそれが誰なのか同定することができません。

CS 顔を覚えていても、それが誰なのかわかりません。名前を言うことはできません。名前を言われても、その人を思い描くことができず、私の目の前にいないとわからないのです。自分の子どものことは、ほとんど説明することができません。

BM 私は顔を認識することは得意ですが、顔の細部を思い出して描写することは苦手です。

SB 私は本当に人の顔を覚えるのが苦手で、生涯悩んできました。私は、以前に何度か見たことのある人しか認識できません。

匿名 十分に考えた結果、私は顔を覚えているのではなく、表情やボディーランゲージを覚えているという結論に至りました。たとえば、黒髪の短髪で、背が高く、いつもの顔の表情、動き方などで、だいたいの人は認識できます。私には、顔の表情やボディーランゲージについての視覚的ワーキングメモリがありません――視覚的ワーキングメモリはありませんが、しばらくの間、それらを心のなかに留めておくことはできます。

私は相貌失認の検査を受けたことがありますが、予想していたよりもよくできました。先行提示された顔と同じ顔を選択しなければならなかったのですが、私は**同じ表情の顔**を選んだため、よくできたのだと思います。私は、俳優を見分けるのが苦手です――もし、映画で、彼らのボディーランゲージや表情が変われば、少しばかり見失ってしまいます。また、知人についても苦手です――そのため、その人を認識するための表情を蓄積する必要があります。

TS 私は、後からでも比較的よく［顔を］認識できます。頭のなかでは全く浮かばないのです。また、説明することもありません。

ND 私は顔の記憶はとても良いのですが、その顔から連想される名前を覚えているとは限りません。

ST たいていは、［顔を覚えることはできますが、］ふだんと違う状況ではそうではありません。

SR 私は、顔を認識することは得意ですが、顔を覚えることはできません。

匿名 誰かと一緒にいる時間が長ければ、その人の見た目に関するデータを十分に蓄積できるでしょうし、次に会ったときにはその人を認識できるようになります。

L その人を見れば認識できます。私は認識という用語を使いますが、彼らを見ているわけではなくて、単に知っているだけです。私が知っている人に近づいても、私のことを覚えていない人が多いのですが、接触後は覚えています。

JT 私は、顔や写真を見なければ、頭のなかのイメージとして顔を思い出すことはありませんが、再開すると、その人が誰なのか同定できます。一度しか会っていない人のことはわかりません。

JS 私は顔を覚えることは得意ですが、名前を覚えることは苦手です。目の前に顔がなければ、それを思い浮かべることができないし、髪の色や長さなどの細部について思い出すこともできません。

AY はい。しかし、顔と名前が結びつかなかったり、どこで知り合ったのかがわからなかったりすることがよくあります。それで、誰かを知っていると気づいても、なぜ知っているのかわからないことが多いです。

AT 顔については、かなり劣っています。私は相貌失認ではありませんが、人を覚えるために、いつも努力しなければなりません。たいていは、誰と話しているのか、どこで知り合ったのかを思い出すために、はっきりとした特徴を「言葉」としてメモします。何度か会っているうちに、覚えるのですが。

＊＊＊

――イメージを視覚化できる人たちにとって、記憶とは、しばしば心の目で静的あるいは動的なイメージに立ち返るプロセスを通して思い浮かべられるものである。それに応じて、ある出来事を「再度、見ること」で、その出来事を確認し、関連のある細部の情報を表面化することができる。

寄稿者たちは、記憶がどのように現れるのか、また、出来事が起こったことをどのように認識するのかについて尋ねられた。おそらく、フィーリングであろうが……。

MH　それは、ほとんどいつもフィーリングです……実のところ、私はそれがフィーリングであると言いたいです。

AK　それは、フィーリングに違いありません……私には何も見えません。それは、年齢、時間、人、感覚、味、匂い、場所などについての思考と関連しているでしょう。

SR　おそらくフィーリングでしょう、はい。それを説明する最も良い方法は、何が起こっているのか、何が起こっていたのかを確信するために、心のなかで言葉を使っているということだと思います。

SB　そうですね、そこにはフィーリングだけでなく、思考や記憶もあります。心の目で見えなくても、ずっと記憶に残っていることがあります――何が起きたのかは知っているし、それを思い出すこともできますが、イメージがありません。また、たとえば、教室を思い出すときに、窓から外を見ると何が見えるかについて話すことができるのは、私が知っていて、見たことがあるからです。頭のなかで画像を再現できないだけで、そこにあったものを知らないわけではありません。

MB2　それは、確かにフィーリングです。しかし、それだけではなく、頭のなかのどこかに指示されない限り（あるいは、とても記憶しやすいものでない限り）アクセスするのが困難な「事実」の貯蔵庫があるような気もします。

AS　私は、それがフィーリングであるとしても、正確にそうだとは言えません。つまり、何かが起こったことを覚えているということです。それは、目の見えない人が経験する生活と違いはありません。目が見えないのに、どうして生活で起きたことを知っているのでしょうか？私と同様に、彼らも経験しています。違いは、物事が起こったときに私は実際に見ることができますが、再びそれを見ることはできないということです。

DS　フィーリングではありません。記憶を思い出すとき、私は保存されている情報を引き出しています。それをフィーリングと呼ぶことは、私が経験していることとは類似しません。

TS　私の記憶は、頭のなかの声で語られるオーディオブックのような、あるいは事実のリストのような物語です。

TM　みなさんは、どのように出来事があったことを知るのでしょうか？　私はただそれを知っているだけです。私の記憶はしっかりしているし、後になってからそれを書くことも多いので、助かっています。視覚記憶の強い人も、その記憶が実際に起きたという確信をもち続けなければならないということではないのでしょうか？

CS　出来事が起きたことは知っています。写真を持っていなかったら、もっと忘れていたと思います。私はときどき、マトリックスのネオのようだと説明することがあります。何もイメージを視覚化することのない、それはただの言葉なのです。言葉を視覚化しているわけではないのですが、この表現に限りなく近いものがあります。何かを視覚化しても、それが見えないことがあります。それが、全く意味のないことだと知っています。出来事を思い浮かべ、部分的に起きたことも思い浮かべられますが、決して何も見ることはなく、ただそれを知っているだけなのです。グーグルマップのストリートビューを見るように、出来事を思い出しながら動き回っているのですが、それはまるで一連の写真をつなぎ合わせて大きな絵を描いているようです……。

CH　私は、何をどこで、という出来事の事実を覚えています。チアリーディングの適性検査でどれだけ緊張したかなどのように、出来事の感情は覚えています。どれだけかは、わからないのですが。

ST　それは、私がもっている物語やフィーリングだと思います。

RW　記憶は、ほとんどが知識です。思うに……何度も何度も何かを考え、その出来事に関連のある感情を何度も経験すると、心的な回路が固まるのではないでしょうか？

RH　生まれつき目の見えない人ができるのと同じように記憶できるのか疑問に思っています。それは、会話やフィーリングです。

PA　それは、イメージではなく物語です。それが、いつ、どこで、誰がそこにいて、みんなは何をしていて、何と言っていたのか、私は知っています。

MU　それは、出来事があったという信頼感です。

MR2　それは、事実を知ることに近いです。たとえば、火は熱い、氷は冷たいということをどうやって知るのでしょうか？　羊毛はかゆい、絹は滑らかということはどうやってわかるのでしょうか？　ベッドは柔らかい、床は硬いというのは、どうやって知るのでしょうか？　私は、物事の事実、幸福や悲しみは覚えていますが、心のなかで画像を作ることができず、そのときに感じたものと同じ感情をもつこともできません。

ML　それは物語　矢継ぎ早の再話　心の日記

MC　私は、ある出来事の事実を知っています。一般的には、そのときにある気持ちになったことを覚えていますが、そのフィーリングそのものを感じることはありません。

L　経験は視覚ではなく、単に経験です。その経験には、それに付随したフィーリングがあるかもしれません。なぜなら、視覚がないからといって、それが非物質的であるとは言えないからです。私が経験を作りたいと思ったら、それについて考え、それに向けて思考を巡らせます。そこにイメージはありません。そうですね、他の人たちはいつも「それは変だよ、どうやってするの！」と言います。

JT 私は、他の人に頼って、その人の記憶が正確であることを信じています。誰かがある物事について話してくれないと、私はそれを思い出せないことが多々あります。私が何かを「行った」なら、ありふれた何かを目撃する場合よりも、それを覚えている可能性が高いです。

私が、今朝、牛乳を飲んだことを覚えているのは、牛乳を注ぐという行為を思い出せるからです。しかし、コップに入った牛乳を思い浮かべることはできません。お気に入りのマグカップを使ったのは、姉妹から贈られた愛という感情を思い起こさせるからだと知っています。それが紫色のマグカップであるということは、その事実を記憶しているからわかりますが、それを思い浮かべることはできません。

JK2 目の見えない人たちは、自分の人生で起こった出来事を視覚化できなかったのなら、どのようにそれを知るのでしょうか？ 人生や経験は、私たちが目で見て知覚すること以上のものです。景色、音、匂い、感触、感情、反応、動作など、私が見逃しているものがたくさんあると思います。自分のウェディングドレスがどんなものか、ポラロイド写真のような記憶を呼び起こすことができなくても、ウェディングドレスを着て結婚したことや、そのウェディングドレスの細部を思い出し、繰り返すことができないわけではありません。

CS2　私がもっている最も古い記憶は、全く本当の記憶ではありません。それは、何か起こったことと漠然と関連していますが、私の頭のなかで十分に変化させてしまっていて、今となっては全くの偽物になってしまいました。それは、決して起こってはいません。理性的には意味を成さないので、私はそのことを知っています。このあたりにワニはいないし、過去にいたとしても、私のおじがそれと戦って勝てるとは思いません。

これは、私がよく自問することです。いくつかの物事は、私が自分自身に言い聞かせているので、それが起きたことを知っています。どのくらい信頼できるのでしょうか？　過去の経験が現在の自分を構成するのなら、自分が誰であったのかをどのように知ることができるのでしょうか？　これは、私が悩んでいることで、最近では、記憶の経過を追うのを助けるために日記をつけたり、手記を書いたり、写真を撮ってフォトジャーナルを作ったりして、思い出を記録していこうと思っています。

プラスの面として、私はときどき、初めての経験を再びすることがあります。自分が何をしたのか、それはどんな感じだったのかを忘れてしまうので、初めて行うような感覚になるのです。

＊＊＊

――記憶を感情と結びつけられる？

GD はい!! それは、私の最も強い記憶システムです。

JR はい、とても。私は感情的な人間です。全く無関心ではありません。また、とても共感的です。

TS ときどき。もし、自分がどのように感じたのかということが実際の記憶にとって重要であるなら、事実としてその感情を思い出します。「怖かったのを覚えている」ではなく、「このように感じたのを覚えている」ということです。

PW はい。私は、おそらく多くの記憶をもっていないし、感情的でもないと思います。しかし、一番記憶に残っている物事は、強い感情と結びついています。私は新しい経験や大きな経験を求める傾向にありますが、それはおそらく、そのほうが記憶により「突き刺さる」からです。

JA 全くその通りです。この方法でしか物事をつなげられないのです。

JL はい、最も長く最もよく覚えている、最も強い感情です。

MU はい、結びつけられます。私は、自分の人生にとても感情的に関わっています。

KB はい。たとえば、私の一番古い記憶は、4歳の頃のニュージーランドでの休暇です。

木の上で、巨大なコオロギの殻を見て畏れを感じたのを覚えています。また、ロトルア湖の熱い泥の匂いを覚えています。友人の家のプールで泳いだり、トランポリンでジャンプしたりする楽しさ。黒い小石のビーチの冷たさ。庭から掘ったばかりのジャガイモを調理するときの興奮。安全で愛されていると感じたことも覚えています。

MR2　実際にはありません。結婚式で幸せだったこと、友人が亡くなって悲しかったことなども知っているけれど、その出来事を思い出しても、もうその感情はありません。

MB2　実際にはありません。過去の感情が、私の頭のなかで事実として存在しています——たとえば、特異な出来事が起きたとき、とても取り乱して悲しみを感じました——しかし、その出来事自体を思い出しても、私のなかにこれらの感情は引き起こされません。

DS　感情は、最も強力な記憶の構成要素の一つです。私は、過去に感じたことを覚えていますが、その出来事を思い出しているとき感情はありません。

BM　はい。しかし、これらの感情を再経験しているわけではありません。ただ、その感情があったということ、その感情が、そのときの私にいくつかの影響を及ぼしたかもしれないということを知っているだけです。

＊＊＊

――アランは、「私は相対的な時間の概念に苦しんでいる。ある出来事が他の出来事と比較して、私の人生のなかでいつ生じたのか、判断することができない」と述べた。寄稿者たちは、相対的な時間を効率よくやりくりできているかどうか、について意見を共有した。

AS はい、全くその通り機能しています。

JL はい、たいていは問題ありません。

PW はい、それは全く問題ではないです。私は多くの日常的な出来事を覚えていなかったり、要求に応じて思い出すことができなかったりするかもしれませんが、自分なりに思い出した出来事どうしの相対的な時間については何の問題もありません。

SC はい、しかし、それはとても難しく、時間をかけて考えなければなりませんが、それでも、もし2つの出来事が同じ場所で生じたなら、それらを見分けるのはとても難しいです。

MC 私は、時系列で出来事を並べることができます。それぞれの出来事が生じたのはどのくらい前か、あるいはどのくらい短いのかを正確に評価することには困難があります。

MB2 ここ1、2か月以内のことは確かですが、それ以上になると、すぐに混同してしまいます。

JS はい、でも、苦労します。

JA　今週の食事の内容を順番に言うことも、今週何をしたかの正確な日にちを言うこともできません。私はよく「昨日、こんなことがあった」と言いますが、実は1週間前のことだったりします。

CS2　ときどき。結婚した前後とか、引っ越しした前後のように、大きな出来事に関してのみのことです。

AY　いくらかの努力があればできます。

＊＊＊

――嗅覚や味覚など、他の感覚が記憶を引き起こすことはあるだろうか？

JK2　はい。頭のなかで匂いを思い出せなくても、現実にその匂いに出会うことで、完全に記憶を呼び起こすことができます。おがくずやフランネルは父と関連していて、ライラックは母と関連していたりします。

SR　はい、たとえば、バニラの香りは、私を今から数十年前の幸せな場所へと連れて行ってくれます。

JR はい。特に、匂いはきっかけとなりますが、ほとんどの人に言えることだと思います。音楽を聴くことで、記憶が蘇ることがあります――初めてその音楽を聴いたときにいた場所、あるいは誰の大好きな音楽なのか、などです。また、歌の歌詞を何十年も覚えています。私は、一度か二度聴いただけで、一緒に歌える曲もあります。曲のある部分の抑揚を覚えていて、それを真似することもできます。私はモノマネが得意で、アクセントも比較的得意です。

JL はい、しかし、感情的なつながりではなく、むしろ認知デバイスとしてのものです。

PW はい、ただし、たいていは強いつながりがある場合に限られます。私の最初の記憶は匂いと関連していて、今でも特定の食べ物を食べられないのは、乗り物酔いになった友人を連想してしまうからです。また、特定の音楽に関連した記憶をよく思い出します。

RH はい。チェリーたばこの匂いは、いつも父のことを思い出させます。

MC はい。匂いと味の両方とも過去の出来事を思い出させます。

MB2 機械的な感覚（触覚、聴覚、自己受容感覚）は、完全に記憶を（イメージではなく、概念や事実として）誘発しますが、化学的な感覚である嗅覚や味覚はそうではありません。たとえば、ある曲を聴くと、コンサートで生の音楽を聴いたこと、友人と車のなかで聴いたことを思い出します。

匿名 そうですね、音楽、匂いや味は全て記憶を誘発します。しかし、繰り返しますが、それは言葉です。なぜなら、私は、音楽、匂い、味を言葉で記憶しているからです。たとえば、以前の恋愛に関連した特定の音楽があったり、スピリチュアルな儀式を思い出させるパロサント[*2]の香りがあったりします。

TM 私の嗅覚は非常に低下しています。匂いを感じられると、完全に記憶が蘇ります。味についても同様です。音楽は、本当に記憶を誘発します。

JT 稀にあります。音楽のほうが記憶を誘発しやすいです（音楽は、私にとってとても感情的であるためだと思う）。

TS 私は、匂いや味を認識して、それらを古い概念に結びつけることができます。しかし、アファンタジアでない人たちのように、頻繁に実際の記憶を誘発しているのか、私には確信がありません。

L 記憶を誘発することはありません。私の娘は、香水をひと吹きしたとき、高校で香水をつけていたときの大量の記憶があふれてきたと言っていました！　私は、とても穏やかな人生を送っています！　ハハハ！

JS 味は、記憶を誘発しません。

AY たまに、だけど極めて稀にです。

ST いいえ。

訳注

＊1　マシュー・マコノヒー（Matthew McConaughey）：アメリカの俳優・映画プロデューサー。
＊2　パロサント（Palo Santo）：南米ペルーに自生する香木で「聖なる木」と呼ばれている。

第8章　アファンタジアと共に生きる――仕事と家庭

この本で明らかにしてきたように、アファンタジアは多くの異なった生活領域に強い影響を及ぼし得る。この章では、アランと寄稿者たちが、仕事や家庭での生活に対するアファンタジアの強い影響について議論する。

＊＊＊

アラン　自身のアファンタジアについて学んでいくと、過去の出来事（短期および長期の両方）を学習したり、思い出したり、自分の歴史的な心的イメージを見ることができなかったことが、どれだけフラストレーションをもたらしたかに気づいた。これらのことは、寄稿者自身や個人個人にとっては重要なことではないように思われるかもしれないが、私のそのような思い込みに対する度重なる強い衝撃が多大な悪影響を与えた。つまり、他の人たちなら簡単に遂行できるような課題が私にはできないということである。

私は、他の人たちができる方法で仕事や課題を遂行できないということを知っていた。当時は、そのような能力の差異を知能のせいにしていたが、私にはそれが足りなかった。私は、自分が経験したこと、あるいは感じたことをどのように言えばよいか知っていても、他の人たちが理解できるように、自分の状態を明瞭に言葉で表現することはできなかった。

私は、16歳で退学して、石油化学会社で製油所や石油掘削装置の模型を作る仕事に就いた。図面から模型を作るというのは素晴らしいことで、どのように見えるかをイメージする必要がなかったし、それを説明したり、理解したりするための専門的な語彙を獲得する必要もなかった。

私の職歴を大まかに見てみると、建物のコンセプトとアイディアの構築（イノベーション）に15年間を費やしてきた。私の仕事は、自動車市場に影響を与える可能性のある社会的な変化とともに新しいコンセプトを考え、イメージすることを必要とした。最初のうちは、製品についてとても単純に考えて仕事を始めたが、時間が経過するにつれて考え方が変わってきた。長年にわたり、アファンタジアを助ける対処方略を自分の中で発達させてきたが、それは私がアファンタジアを隠していたことを意味し、その隠していた事実をむき出しにする行動をとるまで時間がかかった。

既に述べた通り、自分を援助するために、私は携帯電話でたくさんの写真を撮る。これは、私のデジタルな記憶になっている。スマートフォンやパソコンの時代になる以前、後になって事実や情報を思い出したり再生したりすることを試みるために、私は全てのことについてリストを作成していた。最近では、重要な物事を記録するために、iPhone を利用している。私は、携帯やパソコンのリマインドがないと、必要なことを全て覚えておくことができない。自分にできることは何でもする。

私は、毎日の生活で自分を助けてくれる暗黙のルールを守っていると思う。他の人たちが心のなかにあるイメージを使う場合（たとえば、携帯電話や鍵などを置く場所）、私はいつも、家のなかで同じ場所にそれらを置いている。私は駐車場内では同じような場所に車を停めているが、それは正確な場所を思い出せなくても、どこに停めたか大まかな見当がつくためである。

私自身のアドレスに情報をメールで送信するのは、いつものことである。ツイート、興味のあるウェブサイト、あるいは単に写真であるかどうかにかかわらず、一日のうち少なくとも一度は行う。私は、メールを保管しているし、複数の場所にデジタル写真も保存している。

私は、仕事のために、アメリカ、ヨーロッパ、アジアなどたくさんの場所を訪れてきた。いつも、出発前に到着空港の出口やタクシー乗り場の場所をチェックしている。私は、ホテルの住所を印刷することも含めて旅行を計画している。これまで、乗り換えがある便で飛行機に乗ったことはない（いつも直行便である）。乗り換えを含んだ複雑なフライトは手に負えない。

＊＊＊

——アファンタジアは、どのようにあなたの仕事に影響を及ぼしてきたのだろうか？

AS 私は、実際には、アファンタジアの影響については確信がありません。長い間、自分がアファンタジアをもっていることさえ知らずに生活してきました。もしかすると、職業選択は影響を受けたのでしょうか？ 私はグラフィックデザインに興味をもっていましたが、なかなか「そこに到達する」ことはできませんでした。単にその才能がないと思っていましたが、自分がアファンタジアであるとわかってから、大学のデザインの講義で苦労した理由はそのせいだと確信をもっています。

RW 私はソフトウェアの技術者で、アファンタジアは、ある点では私に害を与え、他の点では私を助けてくれていると思いますが、全体的にはネガティブです。多くの説明は、情報を相手に覚え込んでもらうために画像を用いていると思われますが、それは私の学びへの助けとはなりません。また、私は心のなかでレイアウトを思い浮かべられないので、ウェブデザインのようなプロジェクトは私の頭痛の種になってしまいます。アファンタジアが「役に立った」のは、頭で情報をまとめること、言語的に物事を解決するのが得意になったことだと思います。

LH　私は、長い間、小学校で働いてきましたが、展示するよう頼まれることがひどく怖かったです。それは、最も悪い夢のなかの一つで、数年が経っても絶えず私に付きまとっています。些細なことと思うかもしれませんが、私にとってそれは誰かの大手術を頼まれるようなものなのです。私は、そのような仕事を行うための適切なツールを全くもっていません。

MH　アファンタジアは、長期的にみると私に困難を与えてきました。計画やアイディアを視覚的にイメージする能力がなく、それらを行動に移せないので、私に野心は存在しません。些細なことでさえ、事前に何らかの視覚的な動作を必要としていて、私はここでも同様に苦しんでいます。

JT　影響ではありません。つまり、私は建築学や歴史が苦手なので、それらの学校には行きませんでした。私は看護学の学校に行きました。看護学は概念的なものであり、ケアをすることであり、それは私の得意とすることです。

ML　私は、カスタマーサービスの仕事をしているので、名前や顔を覚えなければなりません。私はときどき、誰かと一緒に何か月も仕事をしていても、彼らの名前を覚えるのに苦労します。名前をしっかりと覚えるために、私は彼らを家族の一員として関連づけようとします。顔――まあ、想像してみてください！　みんなには、私が相貌失認であると説明しています。

匿名　私が最初にアファンタジアについて知ったのは、グラフィックデザインの仕事を続けていた最中であり、自分自身を納得させるのに若干苦労しました。「ああ神様、みんなは、魔法のような特別の能力をもっていて、自分にはそれがないから、いくらか恵まれない境遇にいる」という気持ちを克服するのに数週間を要しました。私は、イメージなしで完璧に28年間を生きてきたこと、上位5パーセントに入るとまではいきませんが、芸術やグラフィックの技術は役に立っていること、3次元で描いたり考えたりすることは得意なこと、その他いろいろなことを自分に何回も言い聞かせなければなりませんでした。しばらくの間は、自分の人生を見直すために、仕事を続けるのに苦労しました（ちょうど、あなたが、『シックス・センス』のラストを観て、映画で起きたことを考え直すようなものですが、それは自分の人生全体に言えることです）。それからは、その背景にある科学などにかなり興味をもっています。私の上司が気づいていたとは思っていません。彼らが私自身の最初の反応と同じような反応をすることを恐れて、他の人たちに私の経歴におけるアファンタジアについて説明していません――みんなが基本的なものと思っていることが欠如しているとき、どのように仕事を行うことができるでしょうか？

私は、どのように視覚イメージ化がはたらくかを理解しているわけではないし、実際のことよりも多くのことができると思い込んでいることもわかっています（たとえば、最初の頃の質問の一つの「なぜ、誰も写真のような記憶をもっていないのか？」です）。イメージを視覚化できるのならば、より簡単になるようなこと（頭のなかで指揮者や楽譜を見ながら、演奏を記憶したりリハーサルしたりすることなど）をずっと考えていますが、私には自分のやり方がありますが。私は何とかできるし、他の人たちも視覚記憶があまり役に立たないこともあると言っています。

より大まかに言えば、私は製図技術者（3次元の思考と描画のスキル）として働いていて、現在は社会学の博士号（論文執筆のスキル）を取得しました。両方とも、アファンタジアと関連しているかもしれませんが、おそらくもっと複雑でしょう。

BM　私が知る限りでは、自分の仕事は、心の目がないことによる影響を受けていません。私は、データからパターンを見つけ出すような抽象的な思考がとても得意で、これらのパターンを説明するための他の仮説を検証することが得意です。多くの同僚には心の目があり、しかも私と同様にそれが得意なので、これが意識的で心的な感覚経験をもたないことと関連しているのかどうかについては、わかりません。

AS2　人を認識できないことは別として、私はその影響があるとは思いません。私は、成人の学習障害者に教えていますが、彼らは自身の記憶が引き起こされるきっかけや物事を常に繰り返す必要があることが多いので、特に問題はありません。

JR　これまで考えたことはありませんが、おそらく仕事に対するアファンタジアの影響はあるでしょう。私は、リベラルアーツ系の大学で、17年間、司書として働いてきました。私は整理整頓ができず、職場で物を失くすことが常でした。私は最悪のファイルキーパーでした。最悪です。

図書館のカンファレンスのために文案を作る必要があったとき、それは簡単なことなのですが、私には完成品がどのようなものかイメージができなかったのです。（今となっては思い出せない）イメージを必要とする理由があったのですが、どうしても完成品がイメージできなかったのです。私がこうしたプロジェクトに関するテンプレートを愛用しているのは、おそらくこのような理由からだと思います。多くの仕事は、優れたコミュニケイターになることを必要とするものでしたが、司書の他にも、カウンセラー、本屋、校正係、編集者などにもなってきました。授業で教えた経験もあります。詳細な書類を管理することは、私にとって大変な作業でした。

たとえ分解されるのを見たとしても、もとに戻すのは苦手です。説明書は、私にとって必ずしも役に立ちません。

私は、手順書を書くことがとても得意です。私の手順はとてもはっきりしていて、他の人たちから説明を求められたことはほとんどありません。

機器を使わなければならないとき、特に接続するとき、ソケットにどのように何が入っているかを覚えているのが大変でした。ときどき、全くわからなくなってしまうこともありました。もし、それをうまく行うためには、書き留めておかなければなりませんでした、それでも……。

CS　私は顔を覚えられませんが、それはアファンタジアの一部であると思います。私は、子どもや大人に乗馬を教えています。特に、新しいお客さんが誰なのかを覚えるのが本当に難しいです。お客さんが乗馬用のヘルメットを被っているのを見ることに慣れているので、もしそれを脱いでいると、さらに難しいです。歳をとったお客さんについては問題ないのですが、仕事場から離れて会ったとき、誰だかわからなくなってしまい、失礼なことをしているのではないかと思ってしまいます。

MC　私はグラフィックデザイナーですが、視覚的に物事を体系づける多くの訓練を積んだために得られた技能だと思っています。心では何も体系づけられないので、自分自身の外側にある物事を十分に体系づける必要があります。しかしながら、この仕事は、コンピュータ支援設計（CAD）ができる以前はかなり難しいものだったと思います。コンピュータを用いることで、私は複数のバージョンを保存したり、リアルタイムで物事を十分に試してみたりできます。

VD 私の得意な能力は異なっているので、アファンタジアは私を知らず知らずのうちに誘導していると思いますが、アファンタジアが直接的に仕事に対して影響を及ぼしているとは考えていません。

TM 何て言ったらよいのでしょうか……確信がありません。私はセラピストであり、スクールカウンセラーでもあります。私の記憶力は優れているので、他の人たちの話を覚えるのに役立っています。私は、15年間、特別支援学校の教員でした。おそらく私の幼少期の学習に対する苦労は、より良い教師になるために役立ったと思います。

匿名 私は旅を始める前に、航空機産業の戦略コンサルタントとしてとても良い仕事をしていました。私の強みはとても分析的であり、詳細で論理的、無欠陥、構造的であることでした。そして、私の主要な開発分野は、コンセプトの視覚イメージ化、アドリブ、スライドデザインでした。私は自分がアファンタジアであることを知り、今では大いに納得しています！

JA 私は、毎日の整理整頓や学習に苦労しています。人々や動物とは本当に感情的に接することができますが、典型的な仕事の能力はかなり劣っています。期限があったり、細かいルールやプロセスがあったりすると、うまくいきません。

JS 私は、かなり事実に基づいた科学的な専門職で働いているので、特に影響はありません。

MU 私は小説家になりたいと思っていましたが、だめでした。今になって、私には書くことを視覚的にイメージする能力がないために、小説家になることを追い求めなかったのだと理解しました。私は作家ですが（詩人であり、とても優れた作家でもある）、もし、私自身やアファンタジアの状態にどのように対応したらよいか知っていたとしたら、私の人生は異なったものになっていただろうという確信があります。

RH　私はかなり速い学習者であり、物事をたくさん関連づけることができます。また、他の人たちがよく縦割りで働いているときに、私は全体を把握したいと思いがちです。私はとても多くのことに興味があるので、他の人はできないような物事をつなげることができます。しばしば、他の人たちが気づかなかった仕事上の問題に対して解決策を集約することができます。

MR2　アファンタジアは、転職を難しくするし、特に一緒に働く人たちの名前と顔を覚えることは困難です。私が一緒に働く人たちを完全に覚えるのに、多くの場合は半年を必要とします。

MR　私は、アファンタジアの影響が大きな範囲に及んでいるとは思っていません。私が参加したコースを運営していたマネージャーは、数週間後、彼が扱った数式について私に質問してきました。ノートを見ないと思い出せないときは、彼が講義したことについて最初から最後まで正確に話すよう、私に要求してきました。それができなければ、私はもう一度コース全体を受講しなければならないか、あるいは目標を達成できなかったとして給料を失わなければなりませんでした。私はより内容の豊富なノートを作り、それらと順番を覚えましたが、二度と尋ねられませんでした。

KB アファンタジアは、仕事に全く影響を及ぼしていません。私は法人組織で最も若いマネージャーで、とても尊敬されていたし、素晴らしい評価も得ていました。

L アファンタジアであることを知らなかったときは、何の影響もありませんでした。今になって振り返ると、自分にはできないこともありましたが、できることもあります。

＊＊＊

――ここでは、寄稿者たちが、アファンタジアをうまく扱うために自分自身を助けるための特別な方略や行動について詳しく述べる。

匿名 私はいつも、会議などでは、たくさんのメモを取っています。それは、後になって私の記憶をかなりよく呼び起こしてくれます（その状況を思い出すことができるし、ページに書かれている以上のことを思い出せます）。

MB2 私はたくさんメモを取り、先の重要な予定など絶対に覚えている必要のあることについては頻繁に自分の認識があっているかテストしています。ときどき、他の人のスピーチをよりよく覚えるために、頭のなかで繰り返すこともあります。

MC 物事を書き留めることは、確かに役立ちます。私の心は空虚な感じがします。とてもよく知っていたり、一生懸命に取り組んだりしない限り、詳細なもの（リストやアドレスなど）をそこに残せず、元の状態に戻ることは期待できません。書き留める行為は、私にとって考えを固めるのを助けるような触覚的あるいは空間的なものであると思っています。

TS 物語を書くときには、私はいつも、最初にどのように書いたのかを思い出すために、別々のノートを作ります。そうしないと、忘れてしまって、物語の後になって登場人物を違うように書いてしまうことがあります。

AS2 いつも、自分のためにメモしたり、忘れないようにメッセージをメールで送ったりしています。

AY 物事を覚えるために、メモと言葉による合図の両方を使っています。もし、自分が何かをどこかに置いたとしても、何を行ったのかについて声に出して言います。私は、行為を覚えるよりも、何か言うことを覚えるほうが簡単だとわかりました。

RH おかしいことですが、私はたくさんのメモを取りますが、それをほとんど参照しません。メモを書く行為は、自分が書いたことのほとんどを思い出すのに役立ちます。私はたいてい、日時、明確な名前、あるいは全ての要処理項目を思い出すのを確実にするためだけに振り返ります。

BM　私は、心の目がないことに「対処」しません。それが私のやり方です。会議でそれらを書き留めるのは、後で読むためというよりも、私の記憶のなかに物事を定着させるためです。私は、黒板やメッセージボードを使って、データを組織化したり、分析的に仕事をしたり、論文や講義のために概念を体系づけたりするのも好きです。しかしながら、ほとんどの同僚は心の目をもっていますが、彼らも私と同じ方法を用いています。

CS　私が本当にその人たちを思い出せるまで、彼らと物事を関連づけて考えようとします。眼鏡をかけていたことで覚えていた少女がいましたが、その子が眼鏡を変えなくてよかったです。また、グループレッスンなど可能な場所では、私はみんなを「仲間」と呼び、名前の使用を避けました。名前を覚えられないクライアントを動揺させないために。ある日、私は知り合ってから数年経っている人たちの名前を思い出せませんでした。アファンタジアは、他のことに影響を及ぼすとは思いません。

GD　メモ……たくさん、すごくたくさんのメモがあります。物事を繰り返し何回も尋ねることに問題はありません。

MH　私は、机や仕事場のいたるところに付箋を貼っていますし、手や腕にもよく書いてしまいます。もっとも、普通の人たちはメモしたことを簡単に思い出すのでしょうけれど、私はメモを読んで思い出すという余計なステップを踏まなければなりません。そもそも、それを見て読んでいる姿を視覚化することさえできません。

MR2　はい、私はたくさんメモを取っていますが、それだけでは物事を覚えられないこともあります。フェイスブックは他の人たちの現在の写真を見たり、カレンダーアプリで重要な日にちや予定を確認したりするのに役立ちます。

VD　私は、アファンタジアに適応した今となっては、それが私のやり方に反映されていると思いますが、依然として、どのようにと言うのは難しいです。私はメモを取るとき、(Windowsがサブフォルダのあるところを探すように) 樹形図にします。他の人たちがメモを取っているのを本当に見たことはありませんが、樹形図のメモは私にはうまく機能します。

MU　私は、小学生の頃から何年も日記を書いてきました。ちょうど昨年、これらの日記全てが意味を成さないという恐ろしい気持ちを感じました。私が書き留めた全てのことは、他の誰かに起こったことのようでした。私には、日記の内容と関連する記憶が何もありませんでした。

PW　私は数年前から、物事をより覚えておくために、カレンダーアプリや簡単なメモのアプリを使うことにほとんど強迫的になり始めました。使い始めたときには理由がわからなかったのですが、今では、事実を覚えるのは得意でも、出来事を覚えるのが苦手なアファンタジアに原因があったのだと感じます。これらのアプリが、私のコミュニケーションの障害を本当に助けてくれると理解しているので、私は期待をもってこれらを日常的に取り入れていきたいと思っています。

SR　私は作家であり、重要なことを記憶するために絵を描くのが好きです（下手ですが……）。

ST　休日を記憶するために、物語を作るように繋ぎ合わせた写真を撮ります。

＊＊＊

――あなたのアファンタジアは、家族との関係にどのような影響を及ぼしているだろうか？

LH　家族は、今でもイメージについて教えてくれます。私は「そうだね、あなたが意味することはわかっているが、あなたのようにそれを実際に見ることはできない」と言わなければなりません。家族は、僅かばかり私に対して不満をもちますが、私は、ものを覚えていられないことを自分自身ではどうすることもできないと言わなければなりません。

AS　全く影響はありません。

AY 家族は、実際にはアファンタジアを理解していないし、アファンタジアが与える混乱も理解していません。私は、それに関して、実際には全く話さないのですが。

RW 影響を及ぼしているとは思いません。私は、ほとんど全ての家族と良い関係を構築していますが、家族はこの新しい発見（アファンタジア）を知りたがっています。

PW 私は、妻とは感情的に良い関係にありますが、他の家族とはあまり関係がありません。たまに、妻とのコミュニケーションで至らない点もありますが、私たち２人がアファンタジアについて知れば知るほど、それは問題ではなくなります。

私は、「感情家」ではなく、かなりの「実行家」です。私が「実行家」であることは妻がとても感謝する一方で、私の子どもとの関係が難しい理由の一つでもあります。私は結局、子どもたちのために何をしなければならないかということで、子どもたちとの関係を構築してしまうのです。子どもたちは大学生で家から離れた今、子どもたちのことをあまり考えないようにしています。

また、今となっては、私の母もアファンタジアであることはわかっていますし、おそらく姉妹もアファンタジアであると思うのですが、両親や姉妹とも良い関係を構築できていないと感じます。つまり、私自身がそうであるように、両親や姉妹にもつながり感が欠如しているということです。

KB いくつかの小さな誤解は別として、アファンタジアは家族との関係に対して強い影響は与えていません。

BM 心の目をもっていないことは、私が知っているなかでは、家族との関係に影響を及ぼしてはいません。

CS 家族との関係は、アファンタジアの影響を受けていると思います。家族が私のことを嫌ではないことを内心は知っていますが、私はポジティブな記憶を思い出すのに苦労し、動揺していないようにするのが本当に難しいです。私の弟と妹はかなり年下で、2人が母と一緒に良いことをしても、母が私にも同様にしてくれたことを思い出すのが難しいです。そういうわけで、母は写真をアルバムにしてくれたのだと思います。私はそれが自分の問題であることを忘れないようにしていますが、とても難しいことです。これらの記憶を思い出せないという理由があるので、私がアファンタジアであるとわかったときには、おそらくとても楽になると思います。そして、私と一緒に素晴らしいことを行ったと言った人がいても、それを信じやすくなったのだと思います。その後、スクラップブックも出てきて、それも助けになりました。

DS アファンタジアは、全く影響していません。

TM 大部分については、アファンタジアは全く強い影響を与えていません。たまに、キッチン用品がどこにあるのか思い出せないとき、夫が不満をもつことがあります。

ML　そのせいで、私は半独居状態なのだと思います。私は人がいなくても寂しく思うことはありません。子どもや孫は大切な存在ですが、その付き合い方は限られています。私は子どもと孫に対してかなり保護的ですが、訪問や電話がなくても気になりません。基本的には、私の助けを必要とするときに連絡をしてきますが、それ以外のときは、彼らは自分たちの生活を続けて、私は私の時間を過ごします。しかし、それは私があたかも全く彼らを愛していないかのように、彼らを置き去りにするかもしれないと考えてしまいます。私は彼らを愛していますが、それは彼らが私と一緒にいるときだけであり、彼らがいなくなると、「物語」ではなく、彼らは本当に存在しなくなるのです。

MR　アファンタジアは、長年にわたって家族にたくさん笑いを与え、私に終わりのない不満を生じさせてきました。しかし、私が64歳のときにアファンタジアであるとわかり、それからの1年かそこらを振り返ると、私たちはとてもうまくやっています。

SC　私は、みんなととてもよくやっていますが、私の仕事は長期間家族と会わないことが多く、3～4か月間連絡が取れないこともあります。これまでホームシックになったことはありませんが、それはなかなか家族のことを考えられないからだと推測します。

JA　私はたいてい、誤解されていると感じたり、批判されていると感じたりします。私は、傾聴して、サポートして、そして積極的に連絡を取り合うことで、家族を愛するようにたくさんの努力をしています。しかしながら、同じ努力の見返りを求めても、それは起きません。
私は自分に正直であり、痛いほど自分の短所に気づいています。しかしながら、ほとんどの人たちは、正直に自分の欠点を検討するほど自身のことを十分に理解することはなく、指摘されるのを嫌います。私の家族は、感情が傷つくと当たり前のように批判的になりがちで、容赦のない方法で悪口を言います。私は良くない行動を容易に受け入れて、謝罪します……しかし、「私はあなた方を愛しているが、あなた方は不親切である」というように、優しく、しかし正直に彼らを批判するだけでも、私は言葉のムチを受けます。感情的に敏感になることは、良し悪しです。

JK2 アファンタジアの影響はありません。今では、夫もアファンタジアについて知っているので、私たちは、視覚的にイメージできること（あるいは、できないこと）について仲良くお互いをからかっています。

JK 私は、実際にはアファンタジアについて説明していません。それは、何も変えないだろうし、それが問題だと思っていないからです。

JL 大したことではありませんが、幼い頃から父に、テレビの近くには座るなと言われてきました。父は、はっきりと見えないときには、より良いイメージを得るために想像をはたらかせるようにと説明しました。これまで父が言うことを理解できませんでしたが、私は努力してきました。ちょうど昨年、父が劇場で同じことを言ったので、私が自分の想像特性について説明をしたところ、私たちはお互いに理解できました。

JR　大きな影響はありません。置き忘れることは、アファンタジアと関係のある事実と思うのですが。たとえば、私は物を最後にどこに置いたのかを「見る」ことができないので、鍵、眼鏡などを一日のうち何度もどこに置いたのかを思い出せません。私がそれらを探すあいだ夫は待たなければならないし（彼は探すのが得意なのだけれど）、それは彼に不満をもたせます。私も、自分自身に不満をもっています！「財布をドアの取手の上に置いた」と声に出すことは、言語的な手がかりをもっていることになるので助けになります。私は、つい最近になって、そうし始めたところです。

JS　私は「家族の」顔をイメージすることが全くできません。それは、かなり悲しいことです。私は、家族とは、どちらかといえば普通の関係を構築していると思います。しかしながら、家族と毎日接触するわけではないし、忘れることもあるので、私は連絡を取り合うことを心がける必要があります。

MB2　家族とは離れて生活していて、今では1年以上そうしていますが、家族との関係は良好です。もし、家族とほとんど会わないと、私は家族を忘れてしまったり、気持ちが離れてしまい、コミュニケーションが少なくなってしまいますが、それはアファンタジアのせいです。

見えなくなったものは心から消え、そして手が届かない、という諺のとおりです。

MB　アファンタジアは影響していません。

MC　自分の結婚式や休暇などのように、家族との良い記憶を再度訪れたり、追体験したりできないので、私は悲しくなります。一人のとき、頼りとする視覚記憶がないので、私は本当に孤独だと思います。

MU　ちょうど昨年、アファンタジアとイメージの弱々しさについて知ったときに、私は家族にアファンタジアについて説明しました。家族は、とても親切で、協力的です。

SR　私の愛する人は3次元で視覚化し、イメージを動かしたり、回転させたりできます。彼は、木工品を作ることや、手作業でありとあらゆるものを行うことが好きです。そして、計画やデザイン、レイアウトについて、巨大なインスピレーションを目を輝かせながら説明するのが好きです。私はそこにいて、できる限り一生懸命に「見よう」と努力したり、見事な考えに驚かされたりしていますが、いつもちょっとだけ不完全な状態で終わります。

　私たちがアファンタジアについて知らなかったとき、彼は(私自身も!)、私が視覚的にイメージできないために、生じた物事を理解するのが少しばかり遅いだけだと考えていたと思います。他の人たちは、「それはすごいね、しかし、完全に理解するためには、それを見てみないとわからない」と言うことに慣れてしまっています。アファンタジアについて知る前から、私はそう考えていました。

＊＊＊

——道案内は得意？

SB　いいえ、私はとても苦手です。本当にダメです。方向感覚が全くありません。何度も歩いたり運転したりした道を通るときだけは「、案内できます」。

JK2　段階的な教示についていかない限り、簡単に見失ってしまいます。それは、おそらく、地図を視覚的にイメージできないためですね。

TM　地図による道案内ではありません。私は、どこに行くのかについて本能的直感が鋭いのですが、地図は役に立ちません。

JA　全くダメです。方向感覚がないんです。ショッピングセンターに歩いて入ると、自分が来た方向がわからなくなります。GPSがなければ、道に迷ってしまいます。

JT　いいえ。私は、地図と方向については実にひどいです。

VD　それどころか、私が決して道案内の担当でないことは、家族や友人によって確立された事実です。慣れ親しんだ場所でさえも容易に方向転換してしまうし、だいたい新しい場所を運転するのは好きではありません。

MH　私は方向感覚がなくて、職場には15年以上も同じ道で通っていますが、目を閉じてイメージを視覚化しようとする瞬間、それは異質なものになってしまいます。また、私はいつも、駐車した場所を忘れてしまいます。これは、日常茶飯事です。

ML　方向感覚が全くありません。私が知っているのとは異なった方向から町に入るとき、どのように移動すればよいのかわからなくなります。どこにいたかを忘れてしまうので、他人のように車で戻ることもできません。それは、私が無関心であったというわけではなく、その場所の画像を保持できなかっただけです。どこの病院に行っても迷子になってしまい、時にはずいぶん長いこと迷ってしまいます！　でも、地図を読むのは得意で、それは論理的で私にとっては簡単なことです。

AY　いいえ。私は、道案内を望まれるような人間ではありません。私は、道の名前と住所を覚えるのに苦労します。

DG　あるときはとてもうまくいきますが、またあるときはお手上げ状態になります。理由はわかりません。

RH　私は、運転手に対する道案内役として地図を見るのが得意です。地図やＧＰＳがなければ、道案内に苦労します。方向感覚はありません。

匿名　私はかなり方向感覚が良くて、多くの場合は北がどこかわかっています。しかし、自分自身をあまりにも信じる傾向があるので、間違ったときは、かなり道に迷ってしまいます。私は南半球の出身であり、北半球ではなぜか北の方角がどこか混乱してしまい、より頻繁に道に迷うようになりました。東に向かっていると本当に確信していても、実際には西に向かっているのです。北がどこなのか、どのように理解しているのか確かではありません。もしかしたら、太陽と関係があるのでしょうか？　私が磁極を利用するなんて、少しこじつけかもしれません。

JS　はい、しかし、それはとても空間的に定位されるものです。ここから外へ出て、右に曲がって、Xの地点に到着するまで進み続けて……のようにです。他の人たちが地図を視覚的にイメージできるという考えは、私を悩ませています。

BM　もし、私が地図を持っていたり、図式として道を記憶していたりするのなら、道案内は得意です。さもなければ、何百回となく旅行したことがあっても、道を思い出すことは苦労します。

JK　そうですね、私の空間認識は、そんなにお粗末ではありません。

JR　私は、良い方向感覚をもっています。方向を教えられるとき、目印ではなく、通りの名前を好みます。たとえば、カップケーキ通りを左に曲がるとか、巨大なホットドッグのところに着いたら左に曲がるというものです。自分の生まれ故郷の町では道に迷いませんが、よく知らない場所にいる場合、参照点がなくて位置の認識ができず、頭のなかで大混乱を起こすことがあります。

KB はい。私は、素晴らしい方向感覚をもっています。一度、運転したことがあると、私は簡単に帰る道を見つけられます。

匿名 私は、とてもよいナビができます。しかし「教会を右に曲がって、橋を越えたら左に曲がって」のような道は覚えられません。しかし「4番通りを左に曲がって、8番通りを右に曲がる」のような道は覚えられます。

PW 私はナビが得意で、自分がどこを向いているのか、ほとんど把握しています。イメージでないとしても、頭のなかに地図を持っているかのようです！　しかし、稀にイライラすることがあって、それをやり過ごすのに苦労します。また、私は一つずつ焦点化しがちなので、同時に魅力的な会話が聞こえると、自分のしていたことを忘れてしまいます。

SC はい、私は**とても**道案内が得意です。私は未開の地で育ったので、家に帰る道を見つけられることは、極めて重大なことでした。以前、軍隊で道案内のトレーニングを受けたことがあります。2分間地図を見ただけで、再度見ることなく、地図上で行き方を見つけることができます。

第9章　アファンタジアのマイナス面

この本では、既に、アランと寄稿者たちが、アファンタジアについて経験し、認識しているマイナス面について述べてきた。この章では、既に強調されたアファンタジアとそれに関連するいくつかの不利益や問題点について、新たな洞察を提示しながら振り返りたい。

＊＊＊

アラン　奇妙で困難と思えた点は、私が家族と友人の顔を全く覚えていないということ。実際に、両親、兄弟、その妻や子どもたちを含めて、ほとんど詳細を思い出すことができない。これまで、心のなかで誰かの顔を見ることはできなかった。しかし、私は、現実でその人を見たらその人が誰かわかる。彼らは親しい人たちであり、知っている人たちで、私の心のなかである形式の認識や再構成が行われる。

家族や好きな人を視覚的にイメージできないことは、成長するにつれて、私に実際に影響を及ぼしてきた。それは確かに、私の幸福感にとても強い影響を及ぼして、そして最も悲しくさせる。家族や友人の死について考えると、特に落胆してしまう。彼らの記憶はあるが、人生の他の時期と同じように、実際の詳細はない。

デジタル写真やビデオが出現する以前、人々はどのようにアファンタジアに対応してきたのか、想像ができなくなり始めている。

悲しみから離れて、私はまた、羨ましさを経験する。心的に保存されているイメージを瞬時に再生する能力、さらに心の目で新たなものを創造する能力を羨ましく思う。

残りのマイナス面について、私が人生での重要な出来事を写真に撮るとき、心のなかの歴史を創造する能力がないことを寂しく思う。それは小さなことではあるが重要に思える。

「マイナス面」については、状況や状態の範囲と領域を知り、それから、あなたがその範囲のどこにいるのかを知るために、最初に十分な見通しをもつ必要がある。もし、何かをもっていないことがネガティブであるという前提で始めるなら、アファンタジアであることはそれ自体でネガティブである。

以前、私は、他のアファンタジア傾向者に対して、アファンタジアをもつことをどのように感じているかについて尋ねたことがあるが、彼らの回答に少し驚いた。私は、みんながアファンタジアに対してどちらかといえば悲観的であると考えていたが、多くの人たちは幸せで、心のはたらき方を変えなくてもよいと思っていることを知って驚かされた。もしかして、私は異なる人間なのだろうか？　私は回答や理解を得ようとする策略家であったのだろうか？

＊＊＊

――何がアファンタジアのマイナス面と思う？

ML　アファンタジアは、私を部外者として置き去りにします。人生の見物人であり、特別な参加者ではありません。私は、休日や観光が好きではありません。目的は何でしょうか？　そこへ行って、物事を見て、去って、そして、それはなくなります。痕跡や感覚は残りません。一本の木を見ただけで、全ての木を見たことになります。

他のマイナス面は、母を再現できないことです。私は夢でありのままの母を一度見て、母のイメージと一緒に起きたことがあります。それは愛しかったですが、私はたくさん母の夢を見たいのかどうか疑問に思うようになりました。もしバリアが散り除かれたとしたら、そのダムの向こう側に蓄積された「失われたもの」のなかで私は溺れるかもしれません。66年の損失は、一気に私を殺してしまうでしょう。

私は「見える」人たちを羨ましく思っていますが、速く走れたり、音楽を作れたりする人たちも羨ましく思っています。それは、私の欠如している能力ですが、実際には必要ありません。しかし！ 私は両眼性ブドウ膜炎であり、いつか、失明するかもしれません。恐ろしいです。身体的にも精神的にも目が見えないというのは、どんな感じなのでしょうか？ よいことではありません。私は、自分の子どもがどんな顔をしているのか思い出せません。単語のイメージは作れますが、失明すれば、それもできなくなります。そうなると、自分の心で見る必要があります。

DS 視覚化できないことがマイナス面です。他のマイナス面は、いずれも個人的な問題から生じています。落胆してしまう人たちもいます。限界を感じる人たちもいます。私は、そのようには感じません。先ほど言ったように、それは単に思考スタイルであり、自分のスタイルは他の人たちと異なっています。

AR 私は幸せな記憶を追体験できず、対処することが困難になるときがあります。物事を心に思い浮かべることができればよかったのですが。

JA　私にとっては、アファンタジアは、従来の環境と方法で学ぶことを困難にしてきたと思います。しばしば、自分が孤立していると感じたり、見過ごされていると感じたりすることがあります。「自身の立場になって考える」という私にとっては簡単なことでさえ、他の人から共感されたことはほとんどありません。もし視覚イメージができたなら、私は良い芸術家や写真家になっただろうと確信します。視覚イメージができるこれらの人たちに対して幸せを感じます。羨ましさは感じません。喪失感を感じますが、もしかしたらアファンタジアをもたなければ、私も同様に親切ではなく、思いやりがなかったかもしれません。

JT　私にとって最も大きな困難は、人生全体が基本的にトラウマ的であったように思えることです。なぜなら、トラウマ体験は、私が最も簡単に覚えられる記憶だからです。かなりのトラウマを体験してきましたが、より「中性的な」記憶を混ぜ込めることができれば、全体としてネガティブの程度は少なくなっただろうと思います。しかしながら、このことに気づいただけでも役に立ったし、視覚化できない能力を考慮した処理方法や対処方法に取り組むことで、心理療法もうまく進んでいます。

自分の心が、視覚化できない能力を補償するために作り出した別の接続について、私は高く評価しています。視覚化できるようになったらどのような感じなのかを知りたいですが、それはかなり無理があるような気もします。

TM 私は、学習者として、一生懸命たくさんの課題をしなければならず、そのため自分が頭の良い人間ではないというような感覚が生じました。このことは、私の精神的な健康へ長い間、強い影響を及ぼしました。しかし、ついに自身の学習スタイルを理解したとき、ほとんどの場合、それを超えて進むことができました。

道案内は難しいので、柔軟に対応しなければならないし、失敗することもわかっています。私は整理整頓が苦手で、これもアファンタジアのせいにしています。

私はときどき、それがどのようなものかを確認するために、視覚化できるようになりたいと思います。もし、視覚化の能力があれば、静寂を恐れないと思います。現在のように、周りに音がなく、視覚化の能力がなければ、逃げ出したくなるでしょう。

AK 私は、自分に満足しています。自分でコントロールできるイメージを心のなかにもつことができたら楽しいでしょう！

匿名 私は、ほとんど人に執着しないというブレイク・ロス（アファンタジアのコンピュータエンジニア）の表現に少しだけ共感しましたが、自分が共感していることが気に入らないのです。私は内気だけれど人が好きで、身近な人が亡くなったり、致命的な病気と診断されたりすると、とても動揺します（防衛的にも思えますが……）。

周りに人がいなくても（私が世界の向こう側へ引っ越しするような極端な状況を除いて）、

それほど「寂しい」とは思いませんが、みんなと一緒にいるときや話しているとき、私は本当に楽しんでいます。もし、私が懇親会の計画を忘れてしまったら、私は何か寂しさを感じます。私が彼らを視覚的にイメージできないことを考慮すると、それは「見えなくなったものは心から消える」ようなことに少し近いのではないかと心配になります。とはいうものの、それは全くアファンタジアとは関係がないかもしれないし、自閉スペクトラム症と関係があるのかもしれません（自分がスペクトラムに該当するとは思いませんが、家族をより広くとらえると、いく人かはそうかもしれません）。私はよく、他の人たちが私を慕ってくれているのと同じようには他の人に親しみを感じられず、少しやましいところがあります（あるいは、単に私の感じ方なのでしょうか？）。

また、私は寝入るための方略を見つけるのにも苦労しています。脳が全てをぐるぐる回しているし、内なる声が聞こえ続けているので、寝入るまでたいていは20分から1時間を要します。寝る直前のテレビは睡眠を助けてくれますが、本は助けてくれません（朝の3時まで読む癖があるので、私にとって本は「眠る」ことを意味しません）。また、羊を数えるとか、日没をイメージするようなこともできません。空間的にはそのようなことはできるみたいですが、それは集中を必要とするので、なかなか眠れないことを意味します。

AS2　今や、自分がアファンタジアであることを知っているので、心の動きを変えたいと思っています。特に本を読んだとき、心に視覚イメージを呼び出したいです。

AS　私は、アファンタジアが創造力を少し制限していると思います。私は創造的な人間ですが、視覚的にはそうではありません。ときどき、私は概念を理解するのが難しく、心のなかから外側へ物事を創造できません。説明するのはちょっと難しいです。

もう一つのマイナス点は、私の人生における晴れ舞台を再生できないことです。ウェディングドレスを着た私を初めて見たときの夫の顔を見られません。目を閉じても、３歳の息子が赤ちゃんのときを全くイメージできません。私は、絵と写真だけに頼らなければなりません。ときどき、そのことでちょっと悲しくなります。

TS　私は、普通に視覚イメージができることをとても深く願っています。私が顔をそらしてしまうと、全ての美しいものは完全に消えてしまいます。

ある人と別れてしまうと、私は本当に記憶に戻ることができないので、その人が存在もしていなかったかのようになります。

AY　私は「今」だけを生きる傾向にあります。過去や未来は自分には関係ないので、ほとんど気にしていません。いくつかの場面では嫉妬してしまうことがあります。私は、本当に大好きな人を思い出せないし、思い出そうとも思いません。私は音楽家ですが、頭のなかで音楽を聴くことができないので、音楽を作ったり演奏したりすることが難しいです。一方、私はこのような状態を好んでいます。静かで平和だし、「忙しい」あるいは通常の心をもつことは、とても気が散ることでしょう。私は、今の状態が好きです。

CH　私は、新しいレシピがどんな味になるか予測できません。夫はカクテルの材料をまとめ、実際に新しいカクテルを作る前に、頭のなかでテストをすることができます。

私は自分に満足しています。

CS　理学修士号をもっていて、科学は私の重要な部分です。私は、他の人たちが見ていることを理解する以上のものを何も求めません。それは、文字通り、私を苦しめるものでしょう。いつも質問をしなければなりませんが、私は決してその答えを理解できません。私は、どのように人々が視覚的にイメージしているのかを理解できません。それは、欲求不満の恒常的な源です。答えを得られない他のことのように、いつの日か、心からそれを押し出さなければなりません。私自身を理解してもらえないことに対処できない日もあり、私をイライラさせます。

これまで視覚的にイメージをしたことがないので、イメージすることをうまく対処できるかどうか、私にはわかりません。そのように私の常識を変えるのは愚かなことです。でも、単に理解するために、たとえ短い時間でも、他の人が見ているように私も見てみたいと思っています。

MU　私にとっては、恐ろしく怖い記憶です。私には、ある程度の相貌失認があります。私はいつも新しい人と一緒に仕事をするので、これは個人的な経験において特に恐ろしいことです。彼らが部屋を出たあとは、誰なのか全く記憶がないのです。

アファンタジアを知ったとき、私はひどいうつ状態に陥ってしまいました。私は、他の人たちの心のはたらき方に魅惑されました。いつも、内的経験とはどんなものであるのか、心の目をもつかどうか、について尋ねています。

自分の人生を思い出せるように、そして自分の親戚がどんなふうに見えて、どんな声をしていたのかを思い出せるようになるのであれば、私は何でもします。とりわけ、2人の息子を育てた記憶がほしいし、彼らがどんなふうであるか、どんな声であるか、彼らが小さかったときについて知りたいです。

PW 私にとっては、唯一の実際のマイナス面は、自分がとても異なっていると感じることです。コミュニケーションを伴う社会状況において、いく度か困難を感じてきました。他の人たちが重大な問題をネット上で報告しているのを見かけますが、それらは、アファンタジアというよりも記憶や学習スタイルと関連しているようです。また、事実に関する記憶力はとても良いし、概念やパターンに基づいた学習スタイルは、数学やその他のことでもよく役に立っています。

私は、私であることに満足しています！

RW 私は趣味で絵を描きますが、参照なしでは絵が描けないことに、いつも挫折を感じています。クレージーな抽象的イメージを芸術家が作品化するのを見ることは、常に私に芸術家としての力量がないことを感じさせます。私は、彼らが（視覚イメージという）カンニングペーパーをもっていることを知りませんでした。それは、おそらく私が最も苦しいと思うことです。私は、アファンタジアがなければとても良い芸術家になれたと思います。頭のなかでイメージを形成できて、そこから描ければよいのに、と願っています。そのうえ、参照なしに絵を描いた場合、私は遠近と比率で大きな間違いをすると思います。もし、心的イメージを形成でき、そこから描くことができたのなら、この間違いは起きないでしょう。

SB　孤立を感じたり、方向感覚がなかったり、あるいは顔を覚えているのが本当に苦手だったりすると、最悪な気分になることもありますが、特定の状況では必要な場合もあります。

本当に心のなかでイメージを見ることができるようになりたいと思っているので、ときどき悲しくて、羨ましく思うときがあります。私は、人生の大半の期間このことを知らなかったのに、何かを失ったような気がします。

頭のなかで実際のイメージを見ることは驚くべきことに違いないので、ときどき「自分の状態：アファンタジアを」変えたいと思うときがあります！　それを変えられないことは知っていますが、どのようにイメージをするのか「学ぶ」ための練習をしたいと願っています。

VD　私が何かを説明しようとしても、なかなか他の人たちと通じ合うのが難しいです。私は、比較表現を多用しますが、長年の経験から、それは多くの人たちに説明するにはあまり効果的な方法ではないことを学んできました。

CW　私にとって、マイナス面はありません。

JK2　正直なところ、マイナス面があるのかどうか、わかりません。私は、自分の経験と比較できるような他の経験をしてきませんでした。他の人たちがイメージを経験するということは知っていますが、それらが私の経験よりも良いのか悪いのかについて、わかりません。

私は、他の人たちよりも感情的な記憶を強く経験している可能性はあります。映画や本の悲しい部分を思い出して泣いてしまうのは、少しだけ不都合なことだと気づいています。私がもっている最も強い感情は混乱だと思います。他の人たちは本当にイメージを見ているのでしょうか、あるいは私と同様の経験をしていて、それを異なるように説明しているのでしょうか？

父がイメージに完全に浸ることを経験していることは、魅力的だと感じます。それは素敵なことですが、私は何かを失っているようには感じていません。ですから、私は、自分であることに、そしてこれまでのことに幸せを感じていると思います。

JK　他の人たちが見えるということに嫉妬していますが、私は自分に満足しています。願わくば、トグルスイッチのように、アファンタジアの状態とそうでない状態を切り替えたいです。そうすれば、私は両方の状態を十分に経験できます。

JL　［マイナス面は］生活の質ですが、比較する点がないので本当のマイナス面が何であるのかについて言うことができません。ごく稀に、特定の状況で視覚的にイメージする能力が回復することがあるので、私は視覚イメージをもつ可能性があるなら幸せだと思います。しかし、それはとても稀なことなので、イメージ概念をただ漠然とつかんでいるだけです。特定の状況で視覚イメージ能力を回復するのは、アルコールに酔っている間で、多くの場合かなりの疲労と関連しているので、私は本当にそれを覚えていません（この数年で、2、3回生じました）。私は、強制的にこれらの状況を再現しようとしているわけではありません。

JR　物の置き場所、つまり基本的にどこに物を置いたのかを覚えていないからです。私は、母の顔、あるいは赤ちゃんの頃の息子の顔を見たいと願っています。私が思い出せる全てのことは、イメージの視覚化を通さないで「見る」ことができる写真です。それは、多くのアファンタジア傾向者が表現する「見ているようで見ていない」という行動です。

妬みを感じるには、少し年をとりすぎていて、賢明になり過ぎています。私はとても成功していて、最大限の人生を送ることができたと信じています。

いいえ、私は自分に満足しています。人々が頭のなかで他の人たちと議論するというのを聞くと、そんなことをしていると考えるだけで頭が痛くなります。

JS　私は、毎日の接触で、長く一緒にいなかった人たちと継続して接することは、とても難しいことだとわかりました。一度、彼らが数日いなくなると、彼らは存在していないかのようで、私の感情的な反応もそれとともになくなるかのようです。

私は、長く［イメージの視覚化の］状態がないなかで生活してきたので、視覚化できるようになったとしても何をするのかわかりません。でも、自分に欠けていることについてはとても知りたいし、それを経験できても気にしないと思います。

KB マイナス面は何もありません。私は自分に満足しています。

L アファンタジアは、私を不幸にしていません。全ての人たちは、自分自身で幸せを見つけなければなりません。イメージの視覚化をもつことが、幸せを「作る」わけではないでしょう。

匿名 私は、物事を視覚的にイメージするのはどんなものかを知りたいですが、私の心が現在機能していることに対する追加の機能に過ぎません。私は、概して、自分の心がはたらいている状態について満足しています！

MB2 私は、他の人たちほど、自分の経験について高く評価していません。自分が得た知識は別として、ここ1、2か月の経験を本当に覚えていないと思うので、ときどき費用のかかることを控えるようにします。

また、アファンタジアが、どちらかといえば感情的に私を分断させているように感じることがあります。イメージはとても感情とつながっていて、私が何かを見られないとすれば、その何かについて長期的に気にかけることは難しいです。

イメージの欠如は、ときどき他の人たちが言っていることに焦点化することも難しくします。ですが、これはただ焦点化の不足の問題かもしれません。

MB　それが、ありのままの自分です。母が亡くなったとき、私はあまり動揺していませんでした。母をイメージできないためだと思います。

MC　私は妬み深くはありませんが、イメージの視覚化の欠如について非常に満足しているわけでもありません。

人生のこのタイミングでイメージの視覚化を得たなら、それは圧倒的なものになると思います。私にとって、打ちのめされるほどのリスク（自分自身の心のなかで、イメージから逃れられないこと）は、私自身を変えてしまう難しい決断をさせるでしょう。

MH　私は、このアファンタジアの発覚の大きさを把握しようと未だに試みています。妙なことは、私が20代の頃、不思議な感覚が急に私を襲って、それがしばらく続いたことです。それは、惑星上の全ての人たちは第３の目をもっていて、私には２つの目しかないという考えでした。奇妙なことですが、今となってはその感覚がいかに適切だったのかがわかります。心の底から私が何かを欠いていることは知っていましたが、それが何であったのか、少しの手がかりももっていませんでした。

「私は心の動き方を変えたいです。」特に、世界レベルの声をもっているにもかかわらず、芽が出ない自分の音楽活動のために。声楽の先生は、私がアファンタジアであることには気づかずに、学習障害であると認識したとき、神様は歌手にオペラのキャリアに必要な全てのツールを与えることはほとんどない、と言いました。声が良くても音楽が下手な人もいます。音楽が上手でも声が二流の人もいます。また、それぞれの要素を少しずつもつ人もいます。私は世界に通用する歌声をもっていても、それ以外は何もないと思っていました。今となっては、その評価がどのくらい真実であったかがわかりました。

私は、心的に「見ること、匂いを嗅ぐこと、味を感じること、聴くこと、感じること」の選択肢が欲しいです。どれもオンあるいはオフに切り替えるスイッチがあるといいですね。

MR2 アファンタジアは、物事を思い出すのをより難しくしています。特に、追体験したい幸せな記憶については難しいです。もっと創造的で、物事、特に名前や顔をよく覚えられればよいのにと思います。

MR 全体的に、私は自分に満足していますが、次のように、アファンタジアが生み出す特定の瞬間があります。

- 亡くなった人の顔を再生できない悲しみ。
- 何かを変えるとどう見えるのか、どうやって組み立てるのか、について心に描けないことへの不満。

• 他の人と同じように出来事を再生できないため、他の人たちが私に、君には難しいね、と言ったことへの怒り。

RH　私は、考えるのが早い人たちを羨ましく思っています。彼らは、とても速く全てを計算できるからです。一方、私に与えられた長所もわかっています。それは、他の人たちは気づかないようなものについて、私は全て関連づけられることです。

もし、私が魔法の杖を持っていたら、電気のスイッチのように、自分が必要とするときはいつでも、視覚的記憶と視覚的思考のスイッチを入れることができます。簡単に出たり入ったりができるのです。

SC　私が最初にアファンタジアに気づいたときは、いくらか強い感情をもちましたが、それは、18歳を過ぎてから養子であることを知らされるような、何か大きなことについて知った人にとっては普通のことです。

私は自分に満足していますし、全ての「問題」は大きな利益にもなっています。

SR　変に聞こえるかもしれませんが、私は色が大好きで、不思議に思うことがあります。もし、色がいつも頭のなかにいるのなら、私はこんなにも「色に飢えている」状態になるのでしょうか？　また、愛する人を「見る」ということは、どのように感じるのでしょうか？　空想もどんな感じなのでしょうか？　私は絵を描くことが好きですが、物事や人々がどのように見えるのか、手がかりが本当にないと、描くことはかなり難しいです。［……］でも、そのほうが幸せなのかもしれません。

SR よくわかりません。おそらく、好奇心と欲求不満であることのほとんどは、イメージの視覚化が意味することを十分に理解できないためかもしれません。私は「頭のなかで見る」人々に幸せを感じます。自分自身に幸せを感じていませんが、それはアファンタジアとは関係なく、私が長い間抱えてきたうつ病のせいかもしれません。

VD 嫉妬ではなく好奇心です。アファンタジアでない人たちが覚えている経験はそれぞれ異なっていますが、私の経験も同様に異なっているので、別に嫉妬はしません。頭のなかで絵を見ることを一度は経験してみたいですが、できないからといってがっかりすることはありません。

第10章　アファンタジアのプラス面

最終章では、アランと寄稿者たちがアファンタジアをもつ立場から見たプラス面について語る。

＊＊＊

アラン　私は人生においてポジティブになろうと努力している。アファンタジアとともに、ポジティブになろうとしている。

アファンタジアをもつことで得られたと自覚している重要なプラス面は「思考の明晰さ」だ。私の心は、不必要な考えやアイディアでごちゃごちゃしておらず、そのときに必要なことだけを考えている。空想は一瞬のもので、目の前の課題に集中し直すと消えてしまう。他の人たちと話したり、聞いたりしても、心のなかに別のイメージが浮かんできて、気が散ることはない。もしかしたら、イメージが気にならない分、私の精神的な集中力は他の人よりも優れているのかも?

他の人たちの話によると、悪い記憶は生活するのに問題になり得るようだ。私はそうした記憶をもたないので、忘れたい経験から悪い影響を受けることはない。

また、アファンタジアの状態をもつことで、私は好奇心旺盛になった。ある特定の問題に集中するために頭のなかをすっきりと整理する必要があるとき、もともと頭のなかが比較的空っぽなので、楽だと感じている。ただ黒で埋め尽くされているだけだから。

最後のプラス面は、私も参加しているアファンタジアで苦しむ仲間たちのコミュニティの存在だ。私は、アファンタジア傾向者たちのフェイスブックのグループに参加しているが、質問をしたり、考えを提案したり、おもしろいアイディアを共有したりするのに最適な方法だ。仲間意識が素晴らしく、喜んで自分の考えやアイディアを話したり、共有したりして、お互いを支え合っている。

＊＊＊

MH　何をするにしても、初めてのことのようです……「積み重ね」がありません。ジムに行っても、反復数やセット数にうんざりしたり、休憩や休息をとるような負荷を感じることはありません。

それと同じように、長距離のドライブ旅行もかなり楽しいです。10時間や12時間運転しても、なんともありません。体は少し硬くなるかもしれませんが、先ほどの「積み重ね」が強みになって心が折れることはありません。また、何か大惨事が起こったとしても、心が乱れることはありません。自動車事故でずたずたの死体を見たとしても、私は振り向いた瞬間に、そのイメージは心のなかから消えてしまいます。そして、何よりも重要なことは、もし私の愛する人が亡くなったとしても、アファンタジアのない人たちと比べて、それが私にはほとんど影響を及ぼさないことです。

また、私は婚約しているので、絶対的事実としてわかっていることを話しておきます。それは、婚約者の顔を見ていても決して飽きないということです。これはおかしく聞こえるかもしれませんが、真実です。私は彼女（名前はマリーナ）に、私が一人で買い物に出かけたとき、結婚していることを完全に忘れてしまう日が間違いなくあることを伝えました。また、次に会うまでは、彼女がどんな顔をしているのか忘れてしまうだろう……と冗談を言っています。

MR　何事もそうですが、自分の能力の範囲内で頑張ることを学びます。アファンタジアは悲劇でも、病気でも、大きなお荷物でもありません。違和感はありますが、回避できないことはありません。色の識別困難、左利き、あるいはコリンウッド・フットボールチームのサポーター（ごめんなさい、オーストラリアのジョークです）[*1]よりも悪いものではありません。

JK2 私は、自分が表現したいことを表現するための言葉をいつももっています。積み上げられた言葉を整理するのには少し時間がかかるかもしれないし、自分の好きな文章に言葉を並べるのにはもっと時間がかかるかもしれませんが、それでも、私には言葉があります。また、ひどい匂いや音を思い出す必要もありません。黒板を爪でひっかく実際の音では体全体が動かなくなりますが、私が知っている他の人たちと違って、その音（あるいは、匂いや視覚）の痛烈な力を実際に経験することなく、一日中でもその音について話していられます。そのおかげで、あるテーマについて議論したり分析したりするときは、より客観的になれるのだと思います。

MB 私は、これまで悪夢やフラッシュバックが生じたことがありません。亡くなった人を寂しく思うこともありません（それが良いのか悪いのかは、わかりませんが）。妻は彼女自身を嫉妬深いと言い、ストレスを感じるほど過活動性の視覚イメージをもっています。

JS 嘘をつくには記憶力や想像力が必要なので、真実を述べるほうが簡単だといつも思っています。私は小さな嘘さえ受け入れることができないので、友人を苛立たせてしまいます。

匿名 ネガティブな記憶やそれに付随する全ての感覚を追体験できないことは、物事を乗り越えたり、人生を推し進めたりすることをとても容易にします。また、ある出来事にポジティブな経験あるいはネガティブな経験があったとしても、私は容易に、ポジティブな部分を強調してネガティブな部分を手放すことを「決断」できます。さらに、他の人たちが食事中に下品な話をしていても、私はそれらを視覚的にイメージできないので気にはなりません（笑）。

MB2　私は回復力があり、簡単に不運な出来事を「乗り越える」ことができます。トラウマとなるような出来事を「追体験」できないので、アファンタジアによってこれらの経験は簡単に他へ移動してしまいます。このことは、不安障害にもかかわらず、私をどちらかというと精神的に安定した人間にしてくれていると思います。

イメージは、おそらく妨害でもあるでしょう。私がとても鮮明なイメージをもったとしたら、どのくらい妨害されるか、私は知りたくありません！

AS　私には不安障害と強迫性障害があるので、私の場合、アファンタジアをもつことのプラス面は物事を思い浮かべられないことでしょう。私は、自分の失敗をよく気にしますが、さらに実際にそれらの失敗を「見る」ことができたらと想像すると、今以上に気にしすぎるでしょう。そして、最悪の記憶を思い出せることは、おそらく、あらゆる点で私を不自由にするでしょう。それで、アファンタジアは一種の防護具になっていると思います。

最終的には、最悪の経験は、私が気にしないように十分に消え去ってしまいます。私は心の目をもたないので、記憶やその他が心に浮かんでも、偶然にそれらを「見る」ことはありません。

AY 私はPTSD（心的外傷後ストレス障害）と不安障害をもっていますが、積極的にそのことについて話さない限り、アファンタジアが実際に影響を及ぼすことはありません。私にはフラッシュバックや侵入思考が全くありません。普通の想像力をもっていたら、フラッシュバックや侵入思考が生じてしまい、もっともっと悪化していたでしょう。私はフラッシュバックや侵入思考から自分自身を切り離せるし、それらが影響を及ぼすことはないので、トラウマやストレスに本当によく対処できています。私は痛みの閾値が高くて、痛みを覚えていることはなく、痛みがあったという事実だけを覚えています。

CS アファンタジアは、過去を解き放つのに役に立っていると思います。私は、感情的に嫌な記憶を保持しません。それらが起きたことは知っていますが、悩むことはありません。物事を思い出せないし、過去の物事に悩まされることもありません。そのため、私はかなり大らかで、リラックスしていると思います。何が普通なのかわからないので、他のプラス面についてはは本当にわかりません。私の脳はほとんど過度の活動状態にあるために人からは迷惑がられますが、そのことが関係しているのかいないのか、わかりません！　頭の回転が早く、情報の保持や想起が早いのは、私にとって好都合です。

匿名 何が関係していて、何が関係していなくて、そして、何が全体のなかの一部であるのかについて伝えることは難しいです。私は、人のことを考えるときに人を「見る」ことがないので、他の人たちをステレオタイプ化する傾向が弱いのではないかと思っています（しかし、いずれにしろ、私は人をステレオタイプとして分類していることに変わりありません）。

私は、これまで文章を書くうえで、男性の目線でも女性の目線でも、少しも苦労したことはありません。しかし、それは、私が女性であり、「男の子向けの本」と「女の子向けの本」の両方の本を読むことが、社会的に容認されていたためだと思います。それによって両方の性別の主人公に触れる機会が増えました。それで私は、両方の性を主人公として、より多くのことを表現してきました。登場人物を描く際には、性別よりもその人の個性を重視しているようです。

私の場合、個人的には、（視覚的ではなく）空間的な思考様式と内なる声が強いことが、ディレクションや執筆に役立っていると思います。そうでなければ、おしゃべりするのは楽しいし、アファンタジア、そして心全般に対する理解がどのように変化していくのかに興味があります。私は、心のはたらき方について、自分と他の人とを比較することで、おもしろい視点をもっています。それは、ブレイク・ロスの友人が言ったように、「逆向きの超能力」のようなものでもあり、それをもっていると、かっこいいと思います。

AR　私は、マイナス面がプラス面を上回ると思います。しかしながら、アファンタジアは悪い記憶を再生する必要のないことを意味しています。私もこれまで悪夢を見たことはありませせんが、それは関係ないかもしれません。また、過去にとらわれることなく、この瞬間を生きることができています。

SC アファンタジアの最大のプラス面は、視覚イメージ化ができないことです!! 通常の仕事と並行して、私は救命救急員として働いており、仕事で最も辛いことについて仕事仲間と話したことがあります。全員が、これまでに見たトラウマ的な物事をはっきりと思い出してしまうことがあると言っていました。トラウマになるような（特に、死者が出るような）非常な仕事をした後、家に帰っても眠れない、場合によっては数週間も眠れないということが生じるといいます。眠ろうとすると、死者の顔を見てしまったり、「死なせないでほしい、私には家族がいる」と言っている人が見えたりするそうです。私はかつて医学生から、視覚イメージ化できなければいいのに、そうすれば目の前で亡くなった人たちに悩まされないのに、と言われたことがあります。私がどのように視覚イメージ化できないかを他の医学生に伝えるたびに、あなたは非常にラッキーだ、羨ましいと言われます。

だからこそ、私は視覚イメージ化ができなくてよかったと感じています。目の前で誰かが亡くなった後、家に帰ってベッドに入り、目を閉じると、少しの間暗くて何も見えません。そして、夢の世界に入って、自由に空を飛ぶことを楽しんだり、目の前に広がる宇宙を見たりします。

AS2 何かプラス面があるとは思いません。

CH　心的イメージは妨害になると思います。

GD　これも人間であることの一つのあり方であって、特に大きなプラス面はないと思います。

DS　私が一つ気づいたのは、本を原作とした映画を観ても、他の人が経験するような失望を感じないということです。たとえば、友人のなかには、『ハリー・ポッター』や『ロード・オブ・ザ・リング』などの映画の中の登場人物を好きになれない人がいました。その登場人物と彼らのイメージが全く異なっていたので、違和感があったのです。私は、これらの登場人物について先入観をもつことはありません。

JC　私はクモが怖いですが、視覚的にイメージすることはできません。

JL　今までは、誰かに何かを言われても、嫌な気持ちになったり、嫌悪感を抱いたりすることはないと思っていました。多くの人たちは「瞬間的な想像力」をもっていることに気づきました。つまり、何か気にくわないことを突然言われると、多くの人は心のなかでの視覚イメージ化を止めることができず、「ゲッ」となってしまうのです。同様のことは、ダークユーモアや不快なジョークにもあてはまります。

JR　私はとても観察力が鋭く、よく人を観察するので、その「背景で」起こっていることに気づくことがあります。たとえばレストランで、声を上げていないのに会話が盛り上がっている人がいることに気づくことがあります。しばしば、見かけた人たちの裏話を考えます（たとえば、年配の女性と若い男性がカフェで向かい合って座っているとして……母親と息子で、夫［父親］の誕生日について計画を練るために相談しているとイメージします）。彼らが笑うと、どんな冗談だろうとイメージします。よくあるのは、その人たちが異星人だったりするような「突飛なもの」です。

他の人たちはそうしないでしょうが、私は「点と点をつなげて」、他の人たちには見えない可能性を見出すことができます。ある種の（視覚イメージ化をしない）ヴィジョンをもっているということだと思います。たとえば、私が10歳のとき、キッチンで母が友人と話しているのを見ましたが、彼女らの動きや反応、以前に見聞きしたことなどから、母が何かを言う前に、彼女に赤ちゃんができたことを察しました。

JT 私はとても共感的、かつ論理的です。それは妙な組み合わせであり、状況に応じて、たいていはどちらかが優先されます。しかし、この2つの特性が発達したのは、視覚的にイメージができないことで、それを補う別の方法を見つけ、現実世界を見ることができるようになったからだと考えています。

KB 私は長年にわたってヨガや瞑想を実践しているので、今や、心を完全に空っぽにすることはとても簡単です。

ML 私は、何か、あるいは誰かを「寂しく思う」ことはありません。深く悲しむこともありません。悪意をもたないか、あるいは怒りをためない傾向にあります。「回想する」ことなしに、場所や家などを移動することができます（そうです、私はいつも、それは単なる比喩だと思っていて、他の人たちが「回想する」ときに実際にものを「見ている」ということが信じられません）。私の子どもたちは家を出ましたが、私は一粒の涙も流しませんでした。他の人たちが結婚式や、「子ども（ソニー）の大学進学」で泣くのは、「いやに感傷的で」、感情を大げさに表しているのだといつも考えていました。今になって、彼らは、私が決して感じることができないことを感じているのだとわかりました。少し悲しみを感じましたが、決して動揺することはありません。「半分離れている状態」というのは、ときに幸せなことです。

MR2　本当に悲しかったり難しかったりすることを早く忘れられることです。人によっては「非難される」と動けなくなります。私は、一度、最初の難しい段階を過ぎると、感情や痛みを思い出すことなしに、何が起きたかについての事実を思い出すことができます。

ND　私は、プラス面があるとは必ずしも思いません。トラウマを追体験しないという人もいますが、私はそれを見ることはなくても、人生におけるトラウマ体験を強く意識しています。

PW　アファンタジア傾向者については、2つの主要なタイプがあるかもしれません。つまり、イメージの代わりに言語で考えるタイプ、概念やパターンで考えるタイプです。私は後者のタイプで、数学や論理的思考、ソフトウェア開発などの抽象的な思考に向いているようです。また、それは私が一つのことに簡単に集中できる理由かもしれません。それは、こうした職業ではとても有益なことであり、私のような者は本当に良いパートナーになるかもしれないと思っています。

RW 夫はいつも、ネガティブなことやトラウマに対する私のレジリエンス（精神的回復力）に驚嘆しています。私は、心のなかにある悪い出来事の視覚記憶を思い出さないので、アファンタジアがそれを楽にしてくれていると思います。

SB ほとんどの人は特定の方法（つまり、頭のなかでイメージを見ること）をはたらかせているので、アファンタジア傾向者は、異なる生活様式に適応することを学びます。しかし、「特別」であったり、「異質」な存在であったりするので、日常生活を送るために自分なりの方法を見つけなければなりません。アファンタジアは社会的にあまり知られていない状態なので、ほとんどの場合、助けはありません。

MU プラス面があるとは思いません。しかしながら、私はいつも、極度の「マインドフルネス」の状態にあります。私は100パーセント、現在に生きていると思います。それは良いことだと思います。しかしながら、その状態はとても支離滅裂に感じさせます。いつも、自分の脳のはたらきに何か大きな問題があるような気がしていて、とても悲しくなります。

TM アファンタジアのために、私の聴覚能力は増強されていると思うので、良い面もあります。ただ、本当に、私は私でしかないので、それが良い面なのか否かはわかりません。

TS 私は、簡単に悪いことを忘れます。頭のなかのイメージに振り回されることもありません。不快なことについて話しても気になりません。

VD 全体としては、アファンタジアをもつことは良いとか悪いとかではなく、単に違うだけだと思います。ケースバイケースで、ある面では良いかもしれないが、全体としては、単に異なった2つの状態があるにすぎません。

L 私は今を生きています。過去を生きることはできません。将来を夢見ることもできません。私は、自分が一般的な人たちと異なっていると気づく以前でさえ、多くのとてもスピリチュアルな経験をしてきました。私は人と違うことを行ってきましたが、それでかまわないと思っています。

訳注

＊1　コリンウッド・フットボールチームのサポーターは、熱いあまりにオーストラリアのフットボール以外の話題には全く関心を示さない無教養な人たちだと一部ではみられているようである。

あとがき

アファンタジアに関するこの本を読んでくれてありがとう。

私は、この本の全ての寄稿者たちに多大な感謝の意を表したい。どのようにアファンタジアとともに生活しているかについての彼らの洞察や説明は、私がアファンタジアの状態に対する異なった理解をするのに役立った。アファンタジアの状態について定義し、自分自身で完全に理解しようとしている。

アファンタジアについて、「どんな場合にもうまくいく」アプローチは存在しない。私たちはみな、アファンタジアの状態やその影響に違いがあって、それらが組み合わされて、アファンタジアをどのように捉えて、それをどのように他の人たちに伝えているのかについて、独特の視点をもつことができる。アファンタジア傾向者は、多くの場合、アファンタジアとともに生活するなかで不便になることを感じない一方で、アファンタジアでない人たちは、自分たちがイメージをもつことについて決して意識しない。私たちは、科学的な理解と同様に、個人的な経験を理解するための表面をなぞっているところである。

将来的には、アファンタジア研究において、人々が成長する過程でどのように学び、どのように適応するのかを調べ、私のようなアファンタジア傾向者が、コンテンツを視覚的に提供され、それを保持する必要がある場合に、どのように教えられればできるのかについての手がかりを得たいと期待している。

私にとって、本書は、アファンタジアというテーマに光を照らすものである。本書が、人々がアファンタジアについてより多くのことを知るきっかけになることを願っている。

Alan

解説

本書は、アファンタジア当事者の語りを編集したものである。通常の学術論文と異なり、多くの当事者の生の声が厚く記述されており、具体的な経験、思考や感情などをつぶさに知ることができる。アファンタジアの中核は、心の目でイメージを見れない状態である。そこにおいてさえ、「目を閉じたとき、何を『見る』のか」という質問に対する回答は、「何も見えません」「暗闇が見えます」「まぶたの裏側が見えます。それは黒いです」というように多様である。本書全体を通して、全体的には同じ方向性の回答が多いが、なかには、夢を見る・見ないといった反対方向の語りも混じっている。つまり、アファンタジアはスペクトラムである。

実は私も当事者の一人である。今から20年以上前に執筆した博士論文のまえがきにこう書いた。「学部生のときに認知心理学の講義を受け、ほとんどの人が持っている視覚的イメージを自分はもっていないことに気がついた。『R』という文字が回転するイメージを描くことができないだけでなく、両親の顔すら心のなかに思い浮かべることができないのである。知覚とイメージとは何がどのように違うのか、知覚・記憶・思考という認知過程においてイメージはどのような働きをしているのか、イメージ能力はどのように発達するのか、等の疑問が生じた」。

私が心的回転の実験（オリジナルの研究では、立方体のブロックを組み合わせた物体を使用）を受けた1983年は、イメージが絵的なものか命題的なものか、というイメージ論争などをとおして、イメージ研究が盛んになっていた時代であった。私は、絵的なイメージ経験がないことから、イメージは命題であり、発達的には、ピアジェ（Piaget, J.）が主張したように、イメージは知覚に由来するのではなく模倣の内面化の結果である、という説を支持した。

本書の最初で、1880年代にゴールトン卿が視覚イメージの鮮明性を測定する質問紙を考案したことが紹介されていたが、その後イメージ研究は下火になった。主観的なイメージは、客観的に観察できる行動のみを対象とする行動主義心理学によって追放されてしまったのである。そのような事情もあり、ゼーマン博士が2015年にアファンタジアと命名するまで、ゴールトン卿の研究から百年以上も経過した。しかしその間に、神経心理学、そして学際的な認知科学や脳科学が発展したため、アファンタジア研究は短期間のうちに目覚ましく進歩した。

本書を皮切りに、日本でも、アファンタジア傾向者、アファンタジアでない人、双方のアファンタジアについての理解が進み、よりよい生活や人生になることを望んでいる。

杉村伸一郎（広島大学大学院人間社会科学研究科教授）

訳者あとがき

2012年3月、私たち訳者のもとに「イメージが浮かばない」という男性からメールが届いた。その男性のイメージ能力、視覚や記憶力の調査、エピソードなどの回答を得たが、当時はアファンタジアの概念はなく、結局、この男性の状態を検討できずにいた。この出会いを機に私たちの旅は始まった。アファンタジアの研究チームを発足させ、研究の進展は多くの当事者とのつながりを生み、今では研究者と当事者との協働という新たな展開がなされている。

書名にもなっている「アファンタジア」とは心のなかのイメージ体験をもたない状態のことをいう。本書の執筆者であるアランは、この言葉を提唱したゼーマン博士の言葉を借りれば、「本格的なアファンタジア当事者」だ。アランと寄稿者たちはイメージのない世界について当事者の視点から貴重なエピソードを紹介している。それは章立てからもわかるように、子どもの頃、想像力、視覚イメージ、睡眠や夢見、記憶、そして仕事や家庭、アファンタジアのマイナス面とプラス面など多岐にわたる。「私は、人の顔を再生できません。両親、友人、付き合いのある人たちがどのように見えるのかについて、私がもっている唯一の『記憶』は写真です」「自分がアファンタジアであると理解してからは、愛している人の姿、場所、出来事を思い出すために、多くの写真を撮り始めました」「他の人たちが『頭のなかに思い浮かべて……』と話しているのを聞いて、私は比喩的に話しているだけだろうと思っていました」「アファンタジアが『役に立った』のは、頭で情報をまとめること、言語的に物事を解決するのが得意になったことだと思います。」などをはじめとして本書にはたくさんのエピソードが収録されている。

人は概して自分の感じ方を基準にする。そのうえ、心のなかのイメージ（心的イメージ）は内的なものなので、それを理解するには他者の心的状態を推測する必要がある。心的イメージの体験をもつ人からすれば、それを体験しない状態について推測、理解することは難しい。だからこそ、アファンタジアを理解するには当事者の体験やエピソードが重要な手がかりとなるのである。ここに、私たちが本書を翻訳して読者のもとに届けたかった最大の理由がある。

心的イメージは、心理学では「心像」という。失語症や失認症などの医学用語の訳し方に従えば、「a-」を「失」に対応させると「失心像」となる。研究者である自分たちからすると「失」とつけがちだが、当事者たちに聞くと「失った」という認識ではない、という声があげられた。つまり、心像が浮かぶことが当たり前ではなく、その状態には「多様性」が存在するのである。それゆえ、今後、アファンタジアに日本語訳をあてるなら「心像多様性」とするのはどうだろうか。これも研究者と当事者との協働の結果である。

最後になったが、本書の翻訳の機会とご助言をくださった北大路書房の大出ひすいさんに、心から感謝申し上げる。

２０２１年11月　高橋純一・行場次朗

著者紹介

◆ アラン・ケンドル（Alan Kendle）

自動車業界でエンジニアとして従事。イギリスエセックス州に居を構えていた。フィクションの物語を読むのは苦労するのに，エンジニアリングの学位を取得できたのには何か理由があるのではないかという直感に従い，他の人が読める本を自分が読めない理由を探そうとしていたところ，2016年10月，彼の妻がBBCのラジオ番組で「アファンタジア（Aphantasia）」という言葉を耳にする。夫妻はすぐにアランがアファンタジアの状態であることに気づいたが，それがどんな状態かはほとんど知られていないように思われた。

共有して学ぶことができる唯一の場所がオンラインであり，そこでは他のアファンタジア当事者たちがアイディア，考え方や理論を共有し，議論するためのグループを作っていた。

エンジニアとして，複雑なシナリオを理解して，テクノロジーについて未来の考え方を提供するイノベーションチームで15年間働いてきたことが背景にあるのだろうか。アランは自身の状態について，より多くのことを知り，理解するためのチャレンジであると考えていた。また，どうして長い間，アファンタジアが自分のなかに隠れていたのかと考えた。さらにアファンタジアについて学ぶなかで，当初は自分のために自身の経験を記録しようと決めていたが，やがて，自身の個人的な洞察を説明して共有するために本を書く必要があると考えた。

2020年に病により他界。

訳者紹介

◆ **髙橋純一**（たかはし　じゅんいち）

東北大学大学院文学研究科博士後期課程修了，現在，福島大学人間発達文化学類准教授。アファンタジアがどの程度の割合で存在し，どのようなサブタイプが含まれるのかについて調査研究を展開している。また当事者の困り感や得意な能力に関しての事例研究を行うことで，目には見えにくい「知覚」や「認知」，「心像」の多様性について社会における理解促進を目指している。

〈主著・論文〉

『転換期と向き合うデンマークの教育』（分担執筆）ひとなる書房　2017 年
『基礎心理学実験法ハンドブック』（分担執筆）朝倉書店　2018 年
『美しさと魅力の心理』（分担執筆）ミネルヴァ書房　2019 年
「アファンタジア（aphantasia）に関する研究の動向」（共著）心理学評論，64（2），161-174.　2021 年

◆ **行場次朗**（ぎょうば　じろう）

東北大学大学院文学研究科博士課程後期心理学専攻修了後，信州大学人文学部助教授，九州大学文学部助教授，東北大学大学院文学研究科教授を経て現在，尚絅学院大学心理部門特任教授。東北大学名誉教授。研究テーマは，補完知覚にかかわる錯視，視覚・聴覚・触覚などのマルチモーダル現象，文字認識やパターン認識，物体や顔の認知，迫真性や臨場感などの感性心理学，身体感覚や動作が認知や感情に及ぼす影響，言語認知など，幅広く共同研究を展開。

〈主著〉

『岩波講座認知科学〈3〉視覚と聴覚』（共著）岩波書店　1994 年
『認知心理学重要研究集〈1〉視覚認知』（編著）誠信書房　1995 年
『認知科学の新展開〈4〉イメージと認知』（共著）岩波書店　2001 年
『新・知性と感性の心理：認知心理学最前線』（編著）福村出版　2014 年
『古典で読み解く現代の認知心理学』（監訳）北大路書房　2017 年
『シリーズ心理学と仕事〈1〉感覚・知覚心理学』（編著）北大路書房　2018 年

アファンタジア
イメージのない世界で生きる

2021 年 12 月 10 日　初版第 1 刷印刷
2021 年 12 月 20 日　初版第 1 刷発行

定価はカバーに表示
してあります。

著　者　アラン・ケンドル
訳　者　髙　橋　純　一
　　　　行　場　次　朗
発行所　㈱北大路書房
〒 603-8303　京都市北区紫野十二坊町 12-8
電　話　(075) 431-0361 ㈹
F A X　(075) 431-9393
振　替　01050-4-2083
編集・製作　本づくり工房　T.M.H.
装　丁　こゆるぎデザイン
印刷・製本　モリモト印刷（株）

ISBN 978-4-7628-3176-8　C3011　Printed in Japan© 2021
検印省略　落丁・乱丁本はお取替えいたします。